O SERMÃO DA MONTANHA

Rodolfo Calligaris

O SERMÃO DA MONTANHA

à luz da Doutrina Espírita

FEB

18ª edição – 16ª impressão – 500 exemplares – 9/2024

ISBN 978-85-7328-645-8

FEDERAÇÃO ESPÍRITA BRASILEIRA – FEB
SGAN 603 – Conjunto F – Avenida L2 Norte
70830-106 – Brasília (DF) – Brasil
www.febeditora.com.br
editorial@febnet.org.br
+55 61 2101 6161

Pedidos de livros à FEB
Comercial
Tel.: (61) 2101 6161 – comercial@febnet.org.br

Adquirindo esta obra, você está colaborando com as ações de assistência e promoção social da FEB e com o Movimento Espírita na divulgação do Evangelho de Jesus à luz do Espiritismo.

Dados Internacionais de Catalogação na Publicação (CIP)
(Federação Espírita Brasileira – Biblioteca de Obras Raras)

C158s Calligaris, Rodolfo, 1913–1975

O sermão da montanha: à luz da Doutrina Espírita / Rodolfo Calligaris. – 18. ed. – 16. imp. – Brasília: FEB, 2024.

192 p.; 21 cm – (Coleção Rodolfo Calligaris)

ISBN 978-85-7328-645-8

1. Jesus Cristo – Interpretações espíritas. 2. Sermão da montanha. 3. Espiritismo. I. Federação Espírita Brasileira. II. Título. III. Coleção.

CDD 133.9
CDU 133.7
CDE 20.03.00

Sumário

1

Bem-aventurados os pobres de espírito...

"Bem-aventurados os pobres de espírito, porque deles é o Reino dos Céus", disse Jesus (*Mateus*, 5:3), iniciando o Sermão da Montanha.

Situou, assim, a humildade espiritual em primeiro lugar, entre as virtudes que precisamos adquirir para merecermos a glória das almas redimidas.

Exegetas do Evangelho, adulterando por completo o sentido dessa máxima, pretendem que ela proclame bem-aventurados os apoucados de inteligência, os retardados mentais, os idiotas e imbecis. Tal interpretação, todavia, é insustentável, pois, a ser verdadeira, não haveria lugar nos Céus para os ricos de espírito, e o próprio Mestre, o expoente máximo da riqueza espiritual que a Terra já conheceu, ficaria de fora.

Por pobres de espírito, na acepção em que Jesus empregou essas palavras, devem-se entender aqueles que, aspirando à perfeição, e comparando com o ideal a ser atingido o pequenino grau de adiantamento a que chegaram, reconhecem quanto ainda são carentes de espiritualidade.

São bem-aventurados porque a noção que têm de suas fraquezas e mazelas fá-los lutar por aquilo que lhes falta, e esse redobrar de esforços leva-os realmente a conseguirem maior progresso espiritual.

Já aqueles que se acomodam a ínfimos padrões de moralidade, ou se mostram satisfeitos com seu estado, considerando-se suficientemente bons, ao contrário dos primeiros, não se incluem entre os bem-aventurados porque, seja por ignorância, seja por orgulho, permanecem estacionários, quando a vida espiritual, assim como tudo na Natureza, rege-se por um impulso constante *para a frente e para o alto*!

Igualmente, os que entendem não ser preciso cultivar um caráter nobre e reto, porque (segundo julgam) "o sangue do Cristo foi derramado para remir os pecados da Humanidade", também não são incluídos entre aqueles cuja atitude de espírito foi exaltada pelo Nazareno.

Malgrado a respeitabilidade de seus princípios religiosos, só vislumbrarão o Reino Celestial quando venham a reconhecer a pobreza de suas virtudes, e se empenhem com afinco para conquistá-las, pois todo aquele a quem o Cristo haja redimido, de fato, terá de deixar as más obras, para "apresentar-se santo, imaculado e irrepreensível diante dele" (*Colossenses*, 1:22).

A colocação da humildade de espírito, como a primeira das beatitudes, parece-nos, pois, não ser meramente fortuita, mas sim proposital, visto que a felicidade futura de cada indivíduo depende muito do conceito que ele faça de si mesmo.

Quem se imagina com perfeita saúde não se preocupa com ela, nem procura um médico para tratá-la. Também aquele que se presume sem defeitos, ou já se considera salvo, descuida da higidez de sua alma, e, quando menos espere, a morte o surpreenderá sem que tenha avançado pelo menos um passo no sentido da realização espiritual.

2
Bem-aventurados os mansos...

Já antes de Alexandre Magno, Júlio César e Gengis Khan, assim como depois de Napoleão, Mussolini e Hitler, o que vale dizer, desde as mais priscas eras até os nossos dias, aqui, ali e acolá, a violência foi e continua sendo o meio utilizado pelos homens para o domínio deste mundo, inclusive dos seres que o habitam.

As ideias — políticas, filosóficas ou religiosas — igualmente hão sido impostas, muitas vezes pela força, custando isso à Humanidade um sacrifício de vidas não menor que o causado pelas guerras de conquista.

No campo da economia, então, os gananciosos sem escrúpulos, quantos recursos opressivos não empregam para conseguir o enriquecimento rápido, indiferentes ao sofrimento das multidões, vítimas indefesas de suas manobras altistas?

Mesmo nas instituições e no recesso dos lares, homens há que, para ocuparem os primeiros lugares ou poderem dizer "aqui mando eu", não titubeiam em constranger companheiros e tiranizar familiares, pondo em evidência o espírito belicoso que os caracteriza.

Sim, até agora a Terra tem sido açambarcada pelos violentos, em dano para os mansos e cordatos.

Tempos virão, entretanto, em que as relações humanas dos terrícolas serão bem outras.

Sob o império do amor universal pregado pelo Cristo, cada qual verá em seu semelhante um irmão, cujos direitos lhe cumpre respeitar, e não um adversário contra o qual deva lutar; o egoísmo cederá lugar ao altruísmo, de sorte que todos se auxiliarão mutuamente em suas necessidades; e porque ninguém cuidará de elevar-se sobre os outros, mas sim de superar-se a si mesmo, em saber e moralidade, os fracos e os pacíficos já não serão esmagados nem explorados, inexoravelmente, como estamos habituados a presenciar.

Os céticos talvez imaginem que tal progresso demande ainda muitos e muitos séculos para tornar-se uma realidade entre nós.

Sem dúvida, milagres não acontecem, e lenta, muito lenta, tem sido a evolução da Humanidade.

Nosso mundo, porém, está fadado a passar por profundas transformações, físicas e sociais, que o tornem uma estância mais ditosa, e, segundo revelações de entidades amigas do "lado de lá", um processo de expurgo e seleção já se acha em curso, devendo intensificar-se cada vez mais.

Por esse processo, todos quantos se não afinem com a nova ordem de coisas a ser estabelecida aqui na Terra sofrerão a desencarnação em massa através de eventos diversos, sendo atraídos para outros mundos, cujas condições de primitivismo estejam em conformidade com seus instintos e maus pendores, onde permanecerão até que se regenerem e façam jus a melhor destino.

A partir do terceiro milênio, passarão a reencarnar neste mundo apenas as almas que hajam demonstrado firmeza no bem, e, livres daqueles que lhes quebravam a harmonia, conhecerão uma nova era de paz e de felicidade, concretizando-se, assim, a promessa do Cristo: "Bem-aventurados os mansos, porque eles herdarão a terra" (*Mateus*, 5:5).

3

Bem-aventurados os que choram...

Dizem que todos choram, que a Humanidade inteira geme sob o acicate da dor e que esse sofrimento é o preço do pecado introduzido na Terra pelos "nossos primeiros pais" — Adão e Eva.

Afirmam outros que as dores e aflições deste mundo são o meio de que Deus se vale para experimentar-nos e aferir a nossa fé, ou para aumentar os nossos méritos, a fim de que maiores sejam nossos gozos no paraíso.

Se é assim, por que uns sofrem mais do que outros? Por que alguns vivem apenas algumas horas, sem pelo menos tomar consciência de si mesmos, enquanto outros têm de viver sessenta, oitenta ou cem anos, conhecendo toda a sorte de agruras? Por que uns nascem belos, saudáveis, e assim atravessam toda a existência, enquanto outros nascem monstruosos e enfermiços, pré-condenados a uma vida miserável e dolorosa? Por que uns vêm ao mundo em ambientes sadios, em que recebem fina educação e aprendem a cultivar as virtudes, ao passo que outros surgem em meios sórdidos, onde medram os vícios mais infamantes e lhes é ensinado a detestar o trabalho, a furtar e até a matar, meios esses que são verdadeiras antecâmaras de salões hospitalares ou de cubículos penitenciários?

A concepção de que as misérias desta vida são decorrências do pecado original, ou provações necessárias a todas as almas, para que, depois de sua passagem por este mundo, saibam apreciar melhor as alegrias e as doçuras da mansão celestial, forçoso é convir, não explica essas anomalias e diversidades, e há induzido muitos homens a descrerem por completo da Providência, ou seja, da sabedoria suprema com que Deus conduz todas as coisas.

Estava reservado ao Espiritismo, o Consolador Prometido pelo Cristo, oferecer o esclarecimento desse ponto, sem negar nem infirmar nenhum dos atributos da Divindade.

O sofrimento — segundo a Doutrina Espírita — é a consequência inelutável da incompreensão e dos transviamentos da Lei que rege a evolução humana.

Sendo Deus soberanamente bom e justo, não haveria de permitir que fôssemos excruciados, salvo por uma boa razão ou uma causa justa; assim, se sofremos é porque, por ignorância ou rebeldia, ficamos em débito com a Lei, seja nesta ou em anteriores encarnações.

Criados para a felicidade completa, só a conheceremos, entretanto, quando formos perfeitos; qualquer jaça ou falha de caráter interdita-nos a entrada nos mundos venturosos e, pois, é através das existências sucessivas, neste e em outros planetas, que nos vamos purificando e engrandecendo, pondo-nos em condições de fruir a deleitável companhia das almas santificadas.

Quanto maiores tenham sido nossas quedas, tanto mais enérgico precisa ser o remédio destinado a curar nossas chagas; então, aqueles que muito sofrem são os que mais culpas têm a expiar, e devem alegrar-se à ideia de que as lágrimas do sofrimento, suportado com paciência e resignação, lavam a consciência e acrisolam o Espírito, constituindo-se, por assim dizer, o preço com que se adquirem as mais suaves consolações na vida futura.

Explicada a missão providencial da dor e sua benéfica influência na reforma e melhoria das almas, já agora podemos compreender o alcance das palavras do Mestre, quando proclamava: "Bem-aventurados os que choram, porque eles serão consolados" (*Mateus*, 5:4).

4

Bem-aventurados os que têm fome e sede de justiça...

Contemplando o panorama do mundo, onde os bens e os males se acham tão desigualmente repartidos, muitos há que não compreendem a razão de ser dessas anomalias e chegam a descrer da Justiça de Deus.

Se Ele é soberanamente justo e bom, indagam, por que dá a uns uma vida repleta de alegrias e satisfações, enquanto a outros reserva uma sucessão intérmina de agruras e sofrimentos? Por que uns dormem sob dourados tetos, enquanto outros jazem sobre palhas, ou tiritam de frio, sem que tenham onde abrigar-se nem possuam sequer alguns farrapos com que cobrir sua nudez? Por que uns se banqueteiam regaladamente, todos os dias, enquanto outros necessitam estender a mão à caridade pública para conseguir um pedaço de pão com que atendam às exigências do estômago vazio? Por que algumas damas, ostentando luxuosíssimos vestidos, adornadas de joias de alto preço, levam vida despreocupada e risonha, entre acordes de orquestras e espocar de champanhes, enquanto jovens pálidas e andrajosas definham ao peso de trabalho rude e estafante? Por que se concedem, a uns, certos privilégios, que se tornam odiosos ante o abandono a que outros são relegados?

O que se vê por toda parte não é a mais flagrante iniquidade, tornando falaciosa a promessa do Cristo de que os famintos e sedentos de justiça seriam fartos?

De fato, se tivéssemos uma só existência, a doutrinação do Mestre seria um engodo. À luz da reencarnação, entretanto, as diferenças sociais, como de resto todas as desigualdades que tanto ofendem as almas sensíveis e perquiridoras, não se constituem expressões do arbítrio divino; são agentes de progresso e preenchem, transitoriamente, uma necessidade na economia da evolução individual e coletiva.

Claro que tais diferenças haverão de desaparecer um dia, com o *progresso moral* da Humanidade, mas, enquanto isso não venha, elas subsistirão, malgrado as revoluções, as leis e os discursos que os homens façam com a finalidade de as abolir.

É que a evolução da espécie humana não é unilateral: deve e tem de realizar-se sob múltiplos aspectos — queiramos ou não — passando cada ser por uma infinidade de provas e experimentações, cujo ensejo lhes é proporcionado pelas diversas castas e classes em que se dividem as sociedades.

No estado em que os terrícolas nos encontramos, aliás de grande atraso, sempre que mudamos de posição, mudamos também de ideias e sentimentos, em conformidade com os novos interesses e o novo alvo de nossos desejos. Isso prova bem quão necessário é ainda que mudemos muitas vezes de posição, através de sucessivas encarnações, para que, trabalhando, sofrendo, estudando e adquirindo experiência, pelo melhor conhecimento das coisas, desenvolva-se em nós o espírito de equidade e de justiça, indispensável ao nosso progresso individual e à boa orientação que devemos dar à marcha dos acontecimentos, em prol do bem coletivo.

Disse Kardec, alhures, que a Terra é um misto de escola, presídio e hospital, cuja população se constitui, portanto, de homens incipientes, pouco evolvidos, aspirantes ao aprendizado das Leis Naturais; ou inveterados no mal, banidos, para esta colônia correcional, de outros planetas, onde vigem condições sociais mais elevadas; ou enfermos da alma, necessitados de expungirem suas mazelas pelas provações mais ou menos dolorosas e aflitivas.

É natural, pois, que, num meio assim tão heterogêneo, haja profundas diferenciações na sorte das criaturas, capazes de provocar clamores e de desnortear, pela sua complexidade, qualquer sociólogo menos conhecedor do Plano Divino da evolução.

Assim, aquelas palavras do Mestre: "Bem-aventurados os que têm fome e sede de justiça, porque eles serão saciados" (*Mateus*, 5:6), não se referem, como poderia parecer, aos que, inconformados com sua condição, protestam, amaldiçoam ou promovem agitações subversivas, mas sim aos que, qualquer que seja a classe social em que se encontrem, procuram, de consciência tranquila, seguir-lhe as pegadas, alimentando a nobre aspiração de pautar *seus próprios atos* de conformidade com os mais altos ideais de justiça e retidão, respeitando escrupulosamente os direitos de seus semelhantes, procurando tirar de sua atuação o maior resultado possível para a evolução própria e o bem alheio.

É com discípulos desse feitio que o Cristo conta como cooperadores, para a implantação na Terra de um estilo de vida mais consentâneo com o Direito e a Moral.

Que os verdadeiros cristãos, inspirados no exemplo do Mestre, que desceu dos cimos da pureza e da perfeição e imergiu neste mundo corrompido e tenebroso a fim de dar o de que a Humanidade necessitava para alcançar a redenção, saiam, pois, a campo, empenhando-se de corpo e alma na construção da sociedade do porvir.

Há oportunidades para isso em inúmeros setores. Enquanto outros derrubam e destroem o que é arcaico e já não convém ao estágio evolutivo atual, chamem a si a tarefa de desarmar os Espíritos, preparando-os para uma vivência de paz e de concórdia; lutem para que se reconheça no trabalho o fator supremo do bem-estar coletivo e se assegure aos que o exercem retribuição justa, suficiente ao atendimento de suas necessidades essenciais; esforcem-se por infiltrar as luzes do Evangelho em todas as camadas sociais...

Quando os homens estiverem suficientemente cristianizados e, submetendo-se espontaneamente à lei do "amai-vos uns aos outros", tenham aprendido a obrar sempre em harmonia com esse preceito, nenhum conflito de interesse, nenhuma desavença os dividirá; tratar-se-ão fraternalmente; haverá perfeito entendimento e concordância entre todos, resolvendo-se todas as questões sem guerras, sem ditaduras e sem dissídios de espécie alguma.

5

Bem-aventurados os misericordiosos...

Ser misericordioso é compadecer-nos da miséria alheia. Seja da miséria material, nas formas da indigência, do abandono ou da enfermidade, seja da miséria espiritual, caracterizada pelas mil e uma facetas da imperfeição humana.

Ser misericordioso é, pois, condoer-nos desses párias molambentos, sem eira nem beira, que se arrastam pelo mundo, suplicando uma côdea de pão para "encostar" o estômago ou um trapo usado com que cubram sua nudez, socorrendo-os com solicitude.

É apiedar-nos das crianças órfãs ou abandonadas, interessando-nos pela sua sorte e contribuindo, como e quanto nos seja possível, para que tenham um lar que as eduque e prepare para serem úteis a si mesmas e à sociedade, assim como olharmos pelos velhinhos desamparados, oferecendo-lhes um abrigo onde possam aguardar, serenamente, que a morte venha libertá-los das vicissitudes terrenas.

É sensibilizar-nos à vista desses desgraçados aos quais a lepra, o pênfigo, o câncer, a sífilis, a tuberculose etc., hão flagelado e reduzido à ruína, cujas existências se constituem numa sucessão ininterrupta de dores, angústias e melancolia, ajudando a minorá-las com os recursos de nossa bolsa e, melhor ainda, com o bálsamo de nossa simpatia, das palavras de conforto e encorajamento, das preces e vibrações que façamos em seu benefício.

Ser misericordioso é, acima de tudo, suportarmos cristãmente os defeitos daqueles que nos rodeiam, relevarmos os agravos que nos façam, renunciarmos a todo e qualquer propósito de vingança, não guardarmos ressentimento de coisa alguma e estarmos sempre prontos a servir, seja lá a quem for, embora saibamos de antemão que ninguém nos será grato e talvez nem sequer nos compreenda o gesto fraternal e amigo.

Jesus Cristo considera bem-aventurados os que usam de misericórdia, porque, segundo a Lei, "cada um recebe exatamente o que dá".

Espíritos insipientes que somos, ainda no começo de nossa evolução, estamos, por isso mesmo, muito sujeitos ao erro. Destarte, se não formos solidários com os que passam por duras provas e expiações, nem formos tolerantes com as fraquezas e imperfeições do próximo, também não teremos quem nos ajude a vencer os obstáculos de nossa jornada, assim como nossas próprias culpas e mazelas não serão toleradas pela Justiça Divina; e isso não por "castigo", mas para que todos aprendamos a regra áurea, habituando-nos a "fazer aos outros aquilo que gostaríamos que nos fizessem".

Ninguém se iluda a esse respeito, supondo que um arrependimento de última hora, ou os recursos oferecidos pela sua religião, sejam suficientes para granjear-lhe a graça de Deus e assegurar-lhe "um bom lugar" nas moradas celestiais.

Pelo *Pai-nosso*, suplicamos diariamente ao Altíssimo que "perdoe as nossas ofensas", assim como perdoamos "aos nossos ofensores".

Pois bem, valorizemos nossas orações, traduzindo em atos tão sublimes palavras, perdoando, de fato, àqueles que de alguma forma nos tenham ofendido ou prejudicado.

Levemos-lhe, simultaneamente com o nosso perdão, completo e sincero, também o amor, esse sentimento puríssimo que "cobre a multidão dos pecados"; só assim, mas só assim, inscrever-nos-emos entre aqueles a quem Jesus se referia, ao sentenciar: "Bem-aventurados os misericordiosos, porque eles alcançarão misericórdia" (*Mateus*, 5:7).

6
Bem-aventurados os limpos de coração...

Como se verifica pela leitura do Velho Testamento, os judeus eram extremamente meticulosos no que dizia respeito à limpeza, quer em sua vida privada, quer nas práticas cerimoniais de seu culto.

Preocupavam-se sobremaneira com toda e qualquer forma de contaminação exterior, cumprindo à risca as regras severíssimas estabelecidas pelo rabinismo quanto à alimentação e à vestimenta, assim como aos holocaustos ou sacrifícios oferecidos no templo.

O *Levítico*, livro das leis judaicas, chega ao exagero de proibir certos atos devocionais a quem apresenta deformidades, a saber: se for cego, coxo, de nariz pequeno, grande ou torcido, se tiver quebrado o pé ou a mão, se for corcovado, se remeloso, se tiver belida no olho, se portador de sarna ou impigem... (21:17 a 20).

Jesus, todavia, longe de dar atenção a esse formalismo de somenos importância, conhecendo a incúria geral para com os verdadeiros mandamentos de Deus, indicou, mais de uma vez, a necessidade de curarmos, com maior empenho, as mazelas e sujidades de nosso íntimo, pois são estas que nos impedem a entrada no Reino dos Céus.

Assim é que, a um fariseu, por quem fora convidado a jantar em sua companhia e que consigo fazia reparos por não ter Ele, o Mestre, lavado as mãos antes de sentar-se à mesa, disse sem rebuços: "Vós outros pondes grande cuidado em limpar o exterior do copo e do prato; entretanto, o interior de vossos corações está cheio de rapinas e de iniquidades" (*Lucas*, 11:37 a 39).

De outra feita, respondendo à mesma censura feita a seus discípulos, chamou o povo para perto de si e assim se expressou:

> Escutai e compreendei bem isto: Não é o que entra na boca que macula o homem; o que lhe sai da boca é que o macula. O que sai da boca procede do coração e é o que torna impuro o homem, porquanto do coração é que partem os maus pensamentos, os assassínios, os adultérios, as fornicações, os latrocínios, os falsos testemunhos, as blasfêmias e as maledicências. Essas são as coisas que tornam impuro o homem (*Mateus*, 15:1 a 20).

Em nova oportunidade, como completando a elucidação desse ponto, ao perceber que seus discípulos procuravam afastar algumas crianças que lhe eram trazidas para que Ele as abençoasse, falou-lhes severamente:

> Deixai que venham a mim as criancinhas e não as impeçais, porquanto o Reino dos Céus é para os que se lhes assemelham. Digo-vos, em verdade, que aquele que não receber o Reino de Deus como uma criança, nele não entrará (*Marcos*, 10:13 a 15).

Deduz-se, pois, dos ensinos de Jesus, que impureza de coração não significa apenas malícia e abuso dos prazeres sexuais, mas também a fatuidade, o orgulho, o interesse egoísta e outras falhas morais, cujas manchas são bem mais difíceis de remover do que aquelas existentes na superfície das coisas.

Dizendo que o Reino dos Céus é para os que se assemelham às crianças, quer com isso dar a entender que, enquanto não alijarmos de nós os pensamentos vulgares, a linguagem descuidada e as ações desonestas (no sentido mais amplo do termo), adquirindo a candura, a humildade e a simpleza personificadas na infância, não estaremos em condições de comparecer à presença de Deus.

Cuidemos, então, do refinamento de nossas ideias e maneiras, para que, um dia, ainda que longínquo, possamos ter a ventura de *ver a Deus face a face*! (*Mateus*, 5:8).

7

Bem-aventurados os pacificadores...

Jesus Cristo é o Príncipe da Paz.

"A paz vos deixo, a minha paz vos dou", disse Ele, pouco antes de sua morte. "Não vo-la dou como o mundo a dá", isto é, sob a forma de armistício, frágil e incerto, cuja estabilidade pode romper-se a qualquer momento, mas sim em caráter firme e absoluto.

Esse dom da Graça Divina, entretanto, para que se estabeleça em nossa alma, impregnando-a de suave beatitude, exige condições de receptividade, ou seja, a extinção do orgulho e de todos os desejos egoístas, porquanto são esses sentimentos inferiores que inspiram todas as discórdias e promovem todas as lutas que se verificam na face da Terra.

Sim, para que esse carisma seja uma realidade em nossa vida, mister se faz despertemos nossa consciência espiritual, libertemo-nos das ilusões do plano físico e identifiquemo-nos com as verdades do Mundo Maior; sem essa experiência, haveremos de ser, sempre, criaturas agitadas e descontentes, em permanente desarmonia com nós mesmos e com aqueles que nos cruzam o caminho.

Enquanto não haja pacificação individual, enquanto os homens não se sentirem harmonizados intimamente, os conflitos exteriores, tanto no recinto doméstico, como no campo social, hão de subsistir, fatalmente, sendo baldados todos os recursos que se empreguem para aboli-los.

Bem-aventurado aquele que, numa busca pessoal, ingente, descubra o seu Cristo interno e, renunciando ao seu pequenino ego humano, unifique-se com Ele, passando a viver, não mais com mira no próprio proveito, mas desejando ardentemente vir a ser um veículo pelo qual o Amor Divino possa chegar até os seus irmãos. Esse terá encontrado a "pérola preciosa" de que nos fala a parábola evangélica, e desde então, na posse desse tesouro inapreciável, gozará de uma paz e uma alegria perfeitas, que nenhum sucesso vindo de fora será capaz de perturbar.

Alcançado esse estado de alma, dominará o ambiente exterior e, onde quer que se encontre, mesmo sem dizer palavra, simplesmente com sua presença, influirá beneficamente sobre os que o rodeiam.

Junto a si, mercê das forças espirituais superiores que irradia, todos se sentirão aliviados, tranquilos e seguros; uma indizível sensação de calma e bem-estar descerá qual orvalho sobre os corações desgostosos e conturbados.

Os seguidores do Cristo devem dar-se a conhecer pelos esforços que empreendam em favor da paz.

Sejam, pois, nossos pensamentos, palavras e ações, uma contribuição constante no sentido de erradicar do mundo (começando primeiramente por nós) a inveja, as suspeitas, o ódio, a vingança e o espírito de contenda.

Se assim o fizermos, se adquirirmos a qualificação de pacificadores, mereceremos ser chamados *filhos de Deus*, bem como a glória de ser participantes da paz celestial (*Mateus*, 5:9).

8

BEM-AVENTURADOS OS QUE PADECEM PERSEGUIÇÃO POR AMOR À JUSTIÇA...

Se houve alguém, na Terra, que se devotasse inteiramente à causa da Justiça, a ponto de ser chamado "o Justo dos justos", esse alguém foi Jesus, o Cristo.

Não se encontra, em toda a sua vida, um só episódio, uma só oportunidade, em que houvesse capitulado na defesa do direito ou transigido com a impostura e a iniquidade.

Que fizeram com Ele, entretanto?

Não podendo suportar sua superioridade moral, que os apequenava, nem aceitar sua doutrina fraternista, que lhes infirmava a situação de favorecimento, os poderosos da época entraram a acossá-lo sem tréguas e não se deram por satisfeitos enquanto não o viram pregado ao madeiro, à conta de um celerado qualquer!

Exatamente porque sabia ser este um planeta dos menos evoluídos na hierarquia dos mundos, cuja Humanidade, salvo raras exceções, se ressentia, como ainda se ressente, de grande atraso espiritual, Jesus, longe de prometer aos seus discípulos uma vida gloriosa e livre de atribulações, preveniu-os, clara e reiteradamente, de que outra coisa não deveriam esperar, senão calúnias, injúrias e perseguições.

Eis, entre outras, algumas dessas advertências:

"Eu vos mando como ovelhas no meio de lobos"; "por me seguirdes, sereis açoitados nas sinagogas, assim como vos arrastarão à presença de governadores e de reis"; "por causa do meu nome, sereis odiados de todos, e chegará a hora em que todo aquele que vos matar julgará prestar um serviço a Deus"; "o servo não é mais do que seu senhor, e, se perseguiram a mim, hão de perseguir-vos também".

Nestes vinte séculos, outra não tem sido, realmente, a sorte dos que procuraram ou procuram implantar na Terra um estilo de vida baseado na justiça, tomado esse termo em sua mais profunda significação.

Assim é que, por não se conformarem com o erro, a opressão, as simonias, os privilégios de casta e de classe, a exploração do homem pelo homem etc., e, corajosamente, se terem empenhado em dar-lhes combate, muitos hão sido esmagados e eliminados, sob a pecha de apóstatas, hereges, traidores, infiéis, agitadores, e quejandos, quando, em verdade, eram autênticos construtores desse mundo melhor, mais livre e mais feliz, com que sonhamos.

Sim, todos os idealistas que têm procurado, à custa de ingentes sacrifícios, fazer que nosso mundo progrida: moral, política ou mesmo materialmente, sempre encontraram acérrimos e cruéis opositores, que não trepidaram em lançá-los às fogueiras, levantá-los em forcas, passá-los à espada, trucidá-los em instrumentos de suplício, encerrá-los em masmorras, espingardeá-los ou excomungá-los, para manterem regimes ou sistemas de que eram beneficiários.

Com o decorrer dos tempos, os processos de perseguições a esses idealistas têm-se modificado um pouco; todavia, a animosidade contra eles continua a fazer-se sentir.

Aquele, no entanto, que tão bem soubera prever as violências que seriam infligidas aos que lhe partilhassem os anseios de justiça, também os exortou, dizendo: "Não temais os que matam o corpo, mas não podem matar a alma"; "porfiai até ao fim"; e, sob a mesma inspiração que levou os melhores homens do passado a lutarem pelo progresso das ideias e das instituições, outras criaturas continuam lutando por tão nobre causa, de sorte que, malgrado o desespero dos reacionários, o mundo marcha!

...E quantos, a exemplo do Cristo, sofrem perseguição por amor à justiça, são, de fato, bem-aventurados, porque a consciência do dever bem cumprido comunica-lhes aquela doce paz e deleitosa alegria espiritual que constituem "o Reino dos Céus".

9

QUANDO VOS INJURIAREM...

FOLGAI E EXULTAI...

As bem-aventuranças com que o excelso Mestre preambulou o Sermão da Montanha constituem, sem dúvida, uma mensagem divina aos homens de todas as raças e de todas as épocas, destinada a servir-lhes de roteiro, rumo à perfeição.

Elas definem, claramente, quais as qualidades de caráter que devemos desenvolver, se quisermos, um dia, penetrar no "Reino dos Céus".

São: a humildade de espírito, a mansuetude, o dom das lágrimas, o anseio de justiça, a misericórdia, a pureza de coração, a pacificidade, a renúncia etc.

Para todos os que se esforçam sinceramente, no sentido de conquistar tão preciosas virtudes, tem o Cristo palavras de bênção e de encorajamento.

Pondo remate a essa parte de sua sublime pregação, assim falou a seus discípulos e seguidores:

> Bem-aventurados sois, quando vos injuriarem, perseguirem e disserem todo o mal contra vós, mentindo, por meu respeito. Folgai e exultai, porque o vosso galardão é copioso nos Céus,

pois assim também perseguiram os profetas que foram antes de vós (*Mateus*, 5:11 e 12).

O insulto, a calúnia, as difamações e os vitupérios são as derradeiras armas de que podem valer-se as forças obscurantistas, eternas oponentes à evolução da Humanidade.

Sim, as derradeiras, porque, enquanto tenham possibilidade de escolha, outras, bem diferentes, hão de ser preferidas.

Como bem recorda Jesus, desde os primeiros profetas da antiguidade, que ousaram profligar os erros de seus contemporâneos, todos os colaboradores de Deus, todos os que se empenham em fazer um pouco mais de luz nas trevas do mundo têm sido ultrajados e perseguidos, pagando caro, muitas vezes com a própria vida, a sustentação de seus princípios moralizadores.

O mesmo vem acontecendo, tal o testemunho da História, aos que porfiam por preservar a árvore do Cristianismo dos malefícios das plantas parasitas (as superstições, o cerimonialismo pagão, as adulterações e falsidades doutrinárias, a comercialização dos sacramentos etc.), que lhe roubam a seiva, que a estrangulam e podem levá-la à morte.

Os mata-paus da Doutrina Cristã voltam-se, sistematicamente, contra esses paladinos da Verdade e... não há como conter-lhes a agressividade.

Ultimamente, havendo perdido as prerrogativas de senhores de baraço e cutelo, já não podendo exterminar aqueles que foram convocados pelos altos Planos da Espiritualidade para a restauração do Cristianismo em sua primitiva pureza e simplicidade, dos púlpitos, nas praças públicas, pela imprensa, pelo rádio e por outros meios de divulgação, empreendem verdadeira "cruzada" contra eles, dirigindo-lhes toda sorte de injúrias, mistificando, mentindo, ridicularizando...

É deixá-los no seu ofício e, consoante a recomendação do Mestre, folgar e exultar.

Folgar e exultar porque, aos olhos de Deus, mais vale ser odiado que odiar, ser ofendido que ofender, ser perseguido que perseguir.

Folgar e exultar, porque sofrer tais agravos por amor a Jesus é uma grande glória.

Folgar e exultar, porque, quanto mais rudes e dolorosos sejam os golpes recebidos, maior será a recompensa nos páramos celestiais!

10

Vós sois o sal da terra

Disse Jesus, dirigindo-se a seus discípulos: "Vós sois o sal da terra. E se o sal perder sua força, com que outra coisa se há de salgar? Para nada mais fica servindo, senão para se lançar fora e ser pisado pelos homens" (*Mateus*, 5:13).

Que admirável comparação!

Como se sabe, o sal é um elemento de grande utilidade, pois serve para dar sabor aos alimentos, assim como para preservá-los, evitando que se corrompam.

Dizendo serem os cristãos o sal da terra, quis o Mestre significar que eles devem ser, no mundo, fatores de gozo espiritual e de preservação moral.

Aprofundemos, agora, um pouco mais, a exegese desse texto evangélico.

Para que o sal exerça suas propriedades, mister se faz seja misturado às substâncias alimentícias, penetrando-as; sem isso, nenhum efeito pode produzir.

Assim também, é pelo contato pessoal, pela convivência com os homens aos quais desejamos beneficiar, que haveremos de infundir-lhes princípios salutares e salvadores.

Sendo o dever primeiro de todo cristão amar o próximo como a si mesmo, cumpre, pois, nos acheguemos aos que precisem de nós, auxiliando-os, esclarecendo-os, consolando-os e servindo-os por todos os meios de que possamos dispor, a fim de que, por nosso intermédio, venham a sentir a inefável presença divina em seus corações.

Os que se afastam do convívio mundano, segregando-se entre quatro paredes, por mais que se sacrifiquem, passando toda a existência em orações ou cilícios (na suposição de assim alcançarem a purificação de suas almas), não passam de refinados egoístas, porquanto buscam apenas a própria salvação, esquecendo-se da solidariedade e do sentimento de fraternidade que deve vincular todos os filhos de Deus.

É preciso notar, por outro lado, que, usado em demasia, o sal torna os alimentos intragáveis, impossíveis de serem comidos.

Semelhantemente, há certos tipos de cristãos que, por exagerado puritanismo ou excesso de religiosidade, tornam a vida espiritual lúgubre, enfadonha, detestável até.

São os tais para quem tudo é escândalo, pecado e abominação; que a si mesmos infligem uma série de regras, disciplinas, controles e exames de consciência que atingem as raias do fanatismo, chegando ao absurdo de não se permitirem a menor alegria, o mais ingênuo comprazimento, com receio de, com isso, estarem ofendendo ou desagradando a Deus.

Pobres criaturas! Não distinguem o abismo que medeia entre a dissipação e os prazeres honestos, entre a libertinagem desenfreada e a gloriosa liberdade de espírito, indispensável ao pleno desenvolvimento de suas faculdades.

Carregam demais no sal.

Atentemos, por último, na advertência do Cristo: "Se o sal perder sua força e tornar-se insípido, para nada mais presta senão para se lançar fora e ser pisado pelos homens".

Ela diz respeito aos fariseus de todos os tempos e de todas as confissões religiosas, ou seja, aos indivíduos que, conquanto pertençam a esta ou àquela igreja, não pautam seus atos pela doutrina que dizem esposar, só guardam a aparência de virtuosos e, nessas condições, não podem exercer nenhuma influência benéfica naqueles que os rodeiam.

Ninguém pode dar aquilo que não tem; consequentemente, é na medida de nossa fé, de nossa sinceridade, de nosso devotamento ao bem que poderemos contribuir para o soerguimento da Humanidade, fazendo-a melhor e mais feliz.

E é isso, unicamente isso, que pode fazer de nós "o sal da terra".

11
Vós sois a luz do mundo

Naquela manhã, em que o povo se reunira para ouvir o Divino Mestre, os raios solares, surgindo no horizonte, iam inundando as bandas orientais com o resplendor de sua luz.

A superfície tranquila do lago próximo refletia o rosicler das nuvens matutinas; pássaros trinavam docemente, esvoaçando entre as árvores; folhas e flores, abrindo-se, viçosas, pareciam sorrir à bênção de um novo dia.

Jesus fitou o Sol nascente, pousou depois o olhar sobre os discípulos que tinha perto de si e disse-lhes: "Vós sois a luz do mundo".

O seu pensamento íntimo, nesse instante, devia ser:

> Assim como o Sol, dissipando as trevas noturnas, desperta o mundo para a vida e sazona os produtos da terra, cada um de vós tem por missão difundir a Boa-Nova que venho anunciar aos que se acham obumbrados pela ignorância e pelo erro, de modo a preparar-lhes os corações para que deem frutos de mansidão e de fraternidade.

Como as cidades e aldeias edificadas nos montes ao redor repontavam na claridade da manhã, o Mestre, apontando-as, observou:

> Não se pode esconder uma cidade situada sobre um monte. E aduziu: Nem se acende uma candeia para colocá-la debaixo do

alqueire, mas sobre o velador, a fim de que ela dê luz a todos os que estão na casa. Assim, brilhe a vossa luz diante dos homens; que eles vejam as vossas boas obras e glorifiquem a vosso Pai que está nos Céus" (*Mateus*, 5:14 a 16).

Magnífica lição!

Os seguidores do Cristo, por serem "a luz do mundo", devem constituir-se em veículo da Revelação Divina a todos os povos e nações. Cada discípulo do Mestre, individualmente, deve ser um facho de luz a iluminar os homens no caminho para o Céu, sendo necessário que, por seu intermédio, resplandeça a bondade e a misericórdia do Pai, pois é desígnio da Providência que a Humanidade receba as suas bênçãos por meio de instrumentos humanos.

A missão que o Cristo confiou aos seus seguidores deve estender-se a todas as criaturas, de qualquer longitude ou latitude da Terra. Contrariando os preconceitos da época, quando os israelitas orgulhavam-se de ser "a porção escolhida por Deus dentre os povos" e consideravam os demais como "estrangeiros" imundos e desprezíveis, Jesus ensina que todos pertencemos a uma só família humana e não traça qualquer limite à nossa "casa".

Suas palavras: "vós sois a luz do *mundo*" — "brilhe a vossa luz diante *dos homens*", de sentido nitidamente universalista, nada têm de comum com o amor-próprio, o preconceito de nacionalidade e o separatismo intransigente, pregado pelos rabinos; eliminam todo e qualquer prejuízo de raça, de casta, ou de quejandos, pois para Deus não há escolhidos e enjeitados, há apenas almas a serem aquecidas pelo Amor e iluminadas pelo conhecimento da Verdade.

Os raios do sol alcançam todos os recantos do globo, tanto no hemisfério oriental como no ocidental; a luz do Evangelho, igualmente, deve penetrar todas as almas sobre a Terra, a fim de que participem, sem exclusão de uma só, da glória do Senhor.

Mas... não basta ensinar aos homens as excelências da doutrina cristã. É preciso — diz o Cristo — que "eles vejam as vossas *boas obras*", tornando patente que cada discípulo deve contribuir com o seu contingente pessoal de amor aos semelhantes, para que desta forma sejam levados a "glorificar o Pai celestial".

Se cada cristão, nestes vinte séculos de Cristianismo, tivesse atendido à determinação do Mestre, cumprindo fielmente a sua missão, bem outra seria hoje a situação mundial. Não se teriam erguido "cortinas de ferro", nem qualquer outra espécie de parede de separação, dividindo os homens em facções que se odeiam e se hostilizam com guerras frias e quentes, impedindo que se estabeleça entre nós o "Reino de Deus", ou seja, um mundo de paz, porque de justiça, e de alegria inalterável, porque de felicidade perfeita.

Oxalá muitos ainda consigam, neste ciclo que se fecha, vencer as trevas do egoísmo que lhes envolvem os corações e se transformem em agentes vivos da Luz Divina que dimana do Cristo!

12
A Lei e os profetas

"Não julgueis que vim destruir a Lei ou os profetas; não vim destruí-los, mas sim dar-lhes cumprimento. Porque em verdade vos afirmo: passará o céu e a terra, mas de modo nenhum passará da Lei um só i ou um só til, sem que tudo se cumpra" (*Mateus*, 5:17 e 18).

Que Lei é essa, a respeito da qual afirma o Mestre ser mais fácil que o céu e a terra deixem de existir do que ela não ser cumprida integralmente, sem a menor falha?

Seriam todas aquelas prescrições e ordenações contidas na *Bíblia*, que muitos consideram "a palavra de Deus", de capa a capa?

Não! A Lei a que o Mestre se refere é o Decálogo. Coubera aos judeus as primícias de tão estupenda revelação, mas, não obstante terem sido admoestados reiteradamente pelos profetas da antiguidade, eles o haviam relegado ao mais completo esquecimento, limitando-se a observar os formalismos do culto exterior, estatuídos pelo rabinismo.

Sim, "a Lei e os profetas" que o Mestre veio exemplificar, para que, a nosso turno, aprendendo com Ele, também puséssemos em prática, são os dez mandamentos, que até então não haviam sido cumpridos por ninguém, nem mesmo por Moisés, que os recebera no monte Sinai.

Há que distinguir-se na *Bíblia*, por conseguinte, a Lei Moral, ou seja, a Lei de Deus, que é imutável, indefectível e destinada, por isso mesmo, a todos os tempos e a todos os povos, das leis civis ou disciplinares que o citado Profeta, mentor que era dos judeus, outorgou exclusivamente a seu povo e para aquela época, contrariando, muitas vezes, o Código Divino.

Quem tiver dúvidas a esse respeito, corra os olhos pelo Velho Testamento, onde se acham consignadas as ordenações de Moisés, e verifique, depois, se nas disposições legais das sociedades contemporâneas há qualquer coisa que se lhes assemelhe. Absolutamente não!

É que a legislação moisaica era nacional, local e temporária, isto é, destinava-se a reger tão somente os destinos dos hebreus, naqueles caliginosos tempos bastante ignorantes e de péssimos costumes, sendo, portanto, inexequível em nossos dias, em que vigem usos e costumes completamente diferentes, fruto de muitos e muitos séculos de progresso e de aperfeiçoamento das instituições.

Já não acontece o mesmo com o Decálogo, cujos preceitos, promulgados por Deus para vigência eterna e observância universal, permanecem atualíssimos e impregnam os códigos de quantas nações civilizadas se hajam organizado na face do planeta.

A Lei foi dada aos homens para uni-los por um mesmo ideal: o Amor. Por isso é que Jesus Cristo, resumindo-a, para nos facilitar sua compreensão, pregava: "Amarás o Senhor teu Deus de todo o teu coração, de toda a tua alma, e de todo o teu entendimento. Este é o máximo e o primeiro mandamento. E o segundo, semelhante a este, é: Amarás a teu próximo como a ti mesmo. Destes dois mandamentos depende toda a lei e os profetas" (*Mateus*, 22:37 a 40).

Portanto, tudo quanto possa inspirar desafeto a Deus e ao próximo; tudo aquilo que divida e desarmonize a família humana, impedindo-a de realizar o sublime ideal vivido pelo Cristo (e estão nesse caso os sistemas filosóficos, políticos ou religiosos que prescrevem a discriminação racial, pregam o ódio, cultivam a intolerância, amaldiçoam e perseguem supostos hereges, advogam a pena de morte etc.), não provém da Lei, ou melhor, é contra a Lei, e terá de cair e desaparecer, como caíram e passaram as prescrições moisaicas da lapidação, do olho por olho e dente por dente, e outras tais.

"O Amor é o cumprimento da Lei", essa a doutrina do Evangelho. Ninguém sonhe, portanto, com o paraíso, antes de haver aprendido a "amar a Deus e ao próximo", eis que, como solenemente afirmou o Cristo: "Poderão passar o céu e a terra, mas de forma alguma passará da Lei um só i ou um só til, sem que tudo se cumpra".

13
Guardar os mandamentos de Deus

"Qualquer, pois, que violar um destes mínimos mandamentos e assim ensinar aos homens, será chamado o menor no Reino dos Céus; mas, o que os guardar e ensinar a guardá-los, esse será reputado grande no Reino dos Céus" (*Mateus*, 5:19).

Mandamentos são os princípios éticos transmitidos por Deus aos homens de todos os tempos, por meio de emissários chamados profetas. Foram sintetizados no Decálogo, o qual Jesus não veio derrogar, mas sim aperfeiçoar.

Efetivamente, no Sermão da Montanha, várias vezes, após usar a expressão "ouvistes o que foi dito aos antigos", o Mestre acrescentava: "eu, porém, vos digo", e entrava a expor novos preceitos, novas normas de conduta, de molde a conduzir-nos a uma justiça mais perfeita, assim como ao exercício da misericórdia e da fraternidade universal, sentimentos esses quase desconhecidos até então.

É que, trabalhados pelas existências sucessivas, estávamos já em condições de, a par da observância das regras proibitivas do Decálogo (não adorar imagens, não pronunciar o nome do Senhor em vão, não matar, não cometer adultério, não roubar, não testemunhar falso, não desejar a mulher do próximo, não cobiçar as coisas alheias etc.), iniciarmos uma fase mais elevada de aprendizado, qual seja a de "amar o próximo como a nós mesmos" e "fazer aos outros o que quereríamos que os outros nos fizessem".

Respeitar, pois, esses mandamentos e explicá-los à Humanidade, para que todos saibam conduzir-se com acerto, fazendo aos outros somente o bem (tal como o desejam para si mesmos), a fim de que a Terra venha a ser um mundo feliz e não este "vale de lágrimas" onde as dores e as aflições sobrelevam as alegrias, constitui dever de quantos tenham perlustrado as páginas sublimes do Evangelho.

Lamentavelmente, porém, apesar de contarmos quase vinte séculos de "cristianismo", a lídima moral cristã continua ignorada (e por isso descumprida), substituída que foi por uma série de teorias esdrúxulas, confusas e contraditórias, engendradas pela Teologia, teorias que só têm lançado a confusão entre os homens, obstando a que se aproximem, se estimem e se estendam as mãos.

E o pior disso tudo é que, contrariando frontalmente a recomendação do Cristo, no texto em epígrafe, muitas igrejas que se acreditam assistidas pelo Espírito Santo, além de se omitirem no trabalho de edificação da Humanidade, acenam-lhe com a salvação exclusivamente pela adesão a esta ou àquela regra de fé, ou pela simples submissão a determinados sacramentos, chegando algumas ao cúmulo de ensinar que as boas obras, ou seja, o espírito de serviço, pregado e exemplificado por Jesus, nada valem ou são de somenos importância aos olhos de Deus!

Com tais doutrinas, essas igrejas, evidentemente, longe de contribuírem para que os homens busquem aprimorar seu caráter, num esforço diuturno por desvencilhar-se de suas fraquezas e inferioridades, levam-nos a uma completa acomodação com as misérias deste mundo, tornando-os indiferentes aos ideais superiores pelos quais devem viver quantos almejem a glória de ser cristãos.

Com efeito, se no campo da Física é preciso o emprego da força para vencer a inércia, como há de a Humanidade sair do marasmo espiritual em que se encontra, sem um forte estímulo para o bem, sem que a façam ciente e consciente de sua responsabilidade pessoal e que "a cada um será dado segundo as próprias obras"?

Meditemos seriamente sobre isso, porquanto, qual seja nossa maneira de proceder e de orientar nossos irmãos no tocante ao necessário cumprimento da Lei, tal será nossa sorte nos Planos da Espiritualidade.

14

Se a vossa justiça não exceder a dos escribas e fariseus...

Escribas e fariseus eram criaturas extremamente zelosas dos ritos, cerimônias e observâncias instituídas pelo rabinismo judaico. Cumpriam à risca essas exigências secundárias da lei, a que emprestavam grande valor, e, porque Jesus e seus discípulos não lhes davam a mesma consideração e respeito, não se cansavam de censurá-los, apontando-os à execração do povo.

A religiosidade deles, entretanto, não ia além dessas práticas exteriores. Orgulhosos de pertencerem a uma raça (supostamente) favorecida por Deus, egoístas e duros de coração, não tinham a menor piedade para com os estrangeiros, e em tudo buscavam tão só e unicamente o benefício pessoal.

Não foram capazes, por isso, de suportar a doutrina trazida pelo Cristo, toda ela calcada na humildade, na tolerância e no amor universais e, após perseguições sem conta, acabaram pregando-o no madeiro infamante.

Por lhes conhecer a hipocrisia, os simulacros de virtude, é que o Mestre, ao iniciar sua interpretação da Lei e dos profetas, no maravilhoso Sermão da Montanha, foi logo advertindo os que estavam a ouvi-lo: "Se a vossa justiça não exceder a dos escribas e fariseus, de modo nenhum entrareis no Reino dos Céus" (*Mateus*, 5:20).

Com essas palavras, queria frisar que a justiça perfeita, sem a qual ninguém será admitido nos altos Planos da Espiritualidade, consiste em "amarmos o próximo tanto quanto a nós mesmos", mas isso incondicionalmente, sem cogitar de suas falhas, de sua nacionalidade, de sua raça, nem de seu credo religioso, como Ele soube querer bem a todos, até mesmo àqueles que, por invencível ignorância, tornaram-se seus inimigos encarniçados.

Sim, porque amar apenas os bons, os compatrícios, os de nossa cor ou os que comungam de nossa fé, com exclusão dos demais, é fazer distinção entre os filhos de Deus, é faltar com a caridade, e, pois, descumprir a Lei.

Isso posto, se você, caro leitor, se diz católico, ou evangélico, ou espírita etc., mas não ama o seu próximo, isto é, não o socorre em suas necessidades, não o assiste em suas aflições, nem procura amenizar-lhe as dores; se você nega também o seu óbolo a esta ou àquela instituição de assistência social, simplesmente porque os que lhe dirigem os destinos rezam por uma cartilha diferente da sua; se você age assim, meu amigo, ainda que louvado no que lhe digam os mentores de sua Igreja, você poderá ser um católico fervoroso, um evangélico extremado, ou um espírita convicto, mas não será verdadeiramente um cristão, porque só é digno desse nome aquele que, a exemplo do Cristo, já se tornou capaz de oferecer a todos, indistintamente, as suas mãos amigas, a sua palavra consoladora e o seu coração estuante de amor...

15
Não matarás

"Foi dito aos antigos: não matarás, pois quem quer que mate estará sujeito a julgamento. Eu, porém, vos digo: todo aquele que se irar contra seu irmão merecerá ser condenado no juízo; quem disser a seu irmão: raca, merecerá ser condenado ao fogo do inferno" (*Mateus*, 5:21 e 22).

Nesse lanço, estendendo e aprofundando o conceito do "não matarás", Jesus condena veementemente todo e qualquer sentimento inamistoso, quais a cólera, a arrogância, o desprezo e quejandos, por serem antagônicos à Lei do Amor que deve presidir as relações dos homens entre si.

Até mesmo palavras menos corteses, como *raca* (indivíduo sem valor) ou *louco*, mereceram-lhe a mais severa reprovação.

É porque certas expressões vocabulares, embora não encerrem ofensa grave, quando proferidas desdenhosamente, de modo malicioso ou com particular entonação, podem ferir profundamente a suscetibilidade do próximo, provocar ódios e rancores, e, não raro, ensejar revides e desforços violentos, de funestas consequências. Bom é, pois, que se corte o mal pela raiz.

Assim, pela doutrina cristã, não é só o homicídio propriamente dito que constitui violação do sexto mandamento, mas também uma "simples" palavra, desde que sirva para destruir as boas coisas deste mundo: a amizade entre as pessoas, a harmonia de um lar, a inocência de uma criança, o respeito pela reputação alheia, a fé de uma alma crente, a esperança de um sofredor, o entusiasmo por uma causa nobre etc.

Em contraposição aos ensinos do meigo Rabi da Galileia, certos teólogos, arrogando-se um direito que ninguém lhes conferiu: o de "corrigirem" uma suposta omissão divina, ao fazerem a exegese do "não matarás", ousam afirmar que não se deve interpretar esse mandamento em sentido absoluto, admitindo casos em que o assassínio se torna justificável, aconselhável até.

Adulterando, com sofismas, o texto escriturístico, vemos sacerdotes benzerem espadas, canhões e outros instrumentos mortíferos, e manifestarem-se publicamente a favor da pena capital.

Infelizes! Como se justificarão perante Deus, por tais atentados à sua Lei?

***

Há, também, quem suponha que o "não matarás" significa apenas respeito à integridade do próximo e imagine lhe seja permitido desfazer-se da própria vida, quando circunstâncias amargas ou aflitivas a tornem pouco atrativa ou insuportável!

Laboram em erro, pois o suicídio é, sempre, uma violação do sexto mandamento, ainda que se busquem os mais belos ou os mais fortes motivos para justificá-lo.

Aliás, todo e qualquer dano à conservação da existência, própria ou alheia, importa em falta grave, pela qual havemos de responder. Sim, porque entre todos os bens concedidos por Deus ao homem, o maior deles, de mais subido valor, é a sua vida; dela depende o início de todas as coisas, o fundamento de todas as suas atividades, do seu progresso, de sua felicidade, enfim, devendo, pois, esse dom, ser guardado e zelado com o máximo amor e carinho.

Destarte, as negligências com a saúde, como a glutonaria ou a ingestão de alimentos prejudiciais; as dietas e jejuns tão largamente usados pelo sexo feminino, para conservar a leveza e a esbeltez, de que resultam, quase sempre, gravíssimas enfermidades; os vícios de toda ordem, como o tabagismo, o alcoolismo, a toxicomania, a luxúria etc., assim também todos os excessos e abusos que solapam as forças psicossomáticas, apressando a morte, representam formas de auto-homicídio indireto, tanto mais culposo quanto maior tenha sido o prejuízo causado ao equilíbrio orgânico.

Inspirados por uma falsa piedade, há quem inflija a vítimas de doenças extremamente dolorosas ou a enfermos idosos e incuráveis o chamado "golpe de misericórdia" (também conhecido por "chazinho da meia-noite"), que consiste em pôr fim à angústia do padecente, administrando-lhe uma droga ou outro qualquer agente que lhe cause, seguramente, morte rápida e sem dor. Julgam, com isso, estar praticando uma ação moralmente boa, mas, na verdade, trata-se de um covarde homicídio, contrário, portanto, à Lei de Deus.

Como nos diz São Luís, em mensagem inserta no capítulo 5 de *O evangelho segundo o espiritismo*, embora um moribundo haja chegado às vascas da agonia, quem pode afirmar, com plena certeza, que lhe haja soado a hora derradeira? Deus bem pode conduzi-lo até esse estado e daí fazê-lo retornar à vida, para que alimente ideias e propósitos diferentes dos que tinha. Ademais, quantas e quantas vezes a Ciência há confessado o engano de suas previsões? Mesmo quando não exista a menor probabilidade de um regresso definitivo à saúde, há a possibilidade corroborada por inúmeros exemplos de o doente, antes de exalar o último suspiro, reanimar-se e recobrar por instantes o gozo de suas faculdades morais. Pois bem, essa hora de graça que lhe é concedida pode ser-lhe de grande importância. Às vezes, é nesse momento extremo que, entregando-se a profundas reflexões, ele se dá conta dos erros e deslizes praticados durante todo o curso de sua existência e sente irromper em seu espírito um relâmpago de arrependimento, capaz de lhe poupar muitos sofrimentos na vida espiritual.

Guardemo-nos, pois, de abreviar a vida humana, ainda que seja de minutos, porque, onisciente e infinitamente misericordioso, Deus não é indiferente sequer à sorte de um pardal e sabe e provê o que melhor convém a cada um de nós.

16

Reconcilia-te sem demora com o teu adversário

Disse Jesus:

"Se estiveres fazendo tua oferta diante do altar e te lembrares de que um teu irmão tem contra ti alguma coisa, deixa ali tua oferta e vai reconciliar-te primeiro com teu irmão; depois, então, volta a fazê-la.

Concerta-te sem demora com o teu adversário, enquanto estás posto a caminho com ele, para que não suceda que ele, o adversário, te entregue ao juiz e que o juiz te entregue ao ministro e sejas mandado para a cadeia. Em verdade te digo que não sairás de lá enquanto não pagares o último ceitil" (*Mateus*, 5:23 a 26).

A oferta sacrifical era um ato de fé largamente praticado pelos judeus, pelo qual buscavam alcançar a remissão de seus pecados.

Julgavam suficiente o sacrifício de inocentes ovelhas, cabras ou novilhos, para obter esse favor, ignorando fosse preciso, a seu turno, agir com bondade em relação ao próximo.

Jesus, entretanto, aponta-nos a inutilidade de toda e qualquer prática devocional, quando feita sem a necessária tranquilidade de consciência.

Deus é Amor e, com sentimentos ou propósitos inamistosos no coração, é impossível entrarmos em sintonia com Ele ou recebermos a graça de seu perdão.

Assim, sempre que nos sintamos ofendidos por alguém, em vez de lhe censurarmos o procedimento com terceiros, o que nos cumpre fazer é entendermo-nos direta e francamente com nosso ofensor. É bem provável que não tenha tido a intenção de magoar-nos e que seus esclarecimentos satisfaçam-nos plenamente. De qualquer maneira, é sempre mais correto dirimirem-se atritos e dificuldades, agindo dessa forma, do que dando-se livre curso à maledicência.

Se, ao contrário, nós é que defraudamos um irmão, temos a obrigação moral de, como cristãos que pretendemos ser, fazer-lhe a devida restituição e pedir-lhe que nos desculpe; ou, se o agravamos, afetando-lhe a honorabilidade, buscar as pessoas às quais demos informações falsas ou maldosas a seu respeito, e retirá-las quanto antes, confessando humildemente nosso erro.

Quem, por orgulho, se esquive a essa reconciliação, poderá ser surpreendido pela morte, em débito com a Lei de Harmonia que preside às relações dos homens entre si, e, obrigado, então, a responder em "Juízo" pela inobservância dessa Lei, não escapará à "prisão" das reencarnações expiatórias, eis que "a cada um será dado segundo as suas obras".

A Justiça Divina, no entanto, é rigorosamente perfeita e não exige do devedor mais do que ele deve.

Afirmando: "não sairás da cadeia *enquanto não pagares* o último ceitil", Jesus deixa claro que não há pecados irremissíveis, nem, por conseguinte, condenação eterna.

Nossas dívidas, por maiores que sejam, expressam-se por um valor determinado, têm um limite e, desde o instante em que paguemos "o último ceitil", já não ficaremos devendo nada e, pois, seremos postos em liberdade, o que vale dizer, seremos novamente senhores de nosso destino, podendo, trabalhados por essa amarga experiência, caminhar com mais segurança, rumo à felicidade reservada a todos os filhos de Deus.

17
Conceito cristão do adultério

"Ouvistes que foi dito aos antigos: não adulterarás. Eu, porém, vos digo: todo o que olhar para uma mulher, cobiçando-a, já no seu coração cometeu adultério com ela.

E se o teu olho direito te serve de escândalo, arranca-o e lança-o fora de ti; porque melhor te é que se perca um dos teus membros do que todo o teu corpo seja lançado no inferno.

E se tua mão direita te serve de escândalo, corta-a e lança-a fora de ti; porque é melhor que se perca um dos teus membros do que todo o teu corpo vá para o inferno" (*Mateus*, 5:27 a 30).

Pelas leis moisaicas, às quais o Mestre se refere no texto citado, quando diz: "Ouvistes que foi dito aos antigos", o homem só era considerado adúltero quando consubstanciasse em ato a infidelidade conjugal.

Jesus, no entanto, veio instituir novos princípios, novos padrões para a conduta humana, alicerçados na pureza de coração e na inteireza de caráter, segundo os quais são considerados culposos não só os atos desonestos, mas até mesmo a intenção de praticá-los.

É que, aos olhos de Deus, pouco ou quase nada vale a simples aparência da virtude, a contenção forçada, quando o espírito arda em desejos inconfessáveis.

Aquele que pensa no mal, que se compraz na concupiscência, pela legislação cristã é tão censurável quanto o adúltero, porque, quase sempre, só a falta de uma ocasião favorável impede que o seu pensamento erótico se transforme em ato.

Aquele que cai em adultério é porque mentalmente já vinha concebendo tal aventura, já alimentava essa ideia impura, e pois, ao concretizá-la, apenas torna manifesto aquilo que se achava oculto, mas latente no íntimo de seu ser.

Nem sequer pode escusar-se, alegando tenha sido levado a esse mau passo por uma tentação vinda "de fora", porquanto a verdade é que "cada qual é tentado segundo suas próprias fraquezas".

Jesus, conhecedor profundo da psicologia humana, sabia que "do coração é que partem os maus pensamentos, os assassínios, os adultérios, as fornicações, os furtos, os falsos testemunhos, as blasfêmias e as maledicências" (*Mateus*, 15:19), e por isso é que foi incisivo ao declarar: "aquele que olhar para uma mulher, cobiçando-a, já no seu coração cometeu adultério com ela".

O que ele quer e espera de nós, não é uma reforma exterior, ou parcial, mas sim que nos reformemos radicalmente, mediante a purificação da fonte de nossa vida moral, ou seja, de nosso coração.

Quando, pois, nos aconselha a arrancar o olho e cortar a mão que se tornem motivo de escândalo, quer, com essa linguagem forte e expressiva, significar que é absolutamente necessário destruirmos em nós mesmos tudo o que possa ser causa de prevaricações e de sentimentos menos dignos, ainda que, para isso, tenhamos de impor-nos os maiores sacrifícios.

É possível que alguém julgue isso tudo muito exagerado, e não compreenda porque o "simples" olhar concupiscente deva merecer tão severa condenação.

Que esse alguém imagine sua esposa, filha ou irmã sendo cobiçada por certos indivíduos, cujo olhar parece despir a pessoa em mira, e depois responda a si mesmo se a coisa continua a parecer-lhe sem importância...

18
O DIVÓRCIO EM FACE DA MORAL CRISTÃ

"Também foi dito (aos antigos): Qualquer que se desquitar de sua mulher, dê-lhe carta de repúdio. Mas eu vos digo: Todo o que repudiar sua mulher, a não ser por causa da prostituição, a faz ser adúltera, e o que tomar a repudiada, comete adultério" (*Mateus*, 5:31 e 32).

Naquele tempo, entre os judeus, era permitido ao homem repudiar sua mulher sob os mais fúteis pretextos.

Eis, na íntegra, o texto do Velho Testamento que regulava o assunto:

> Se um homem tomar uma mulher, e a tiver consigo, e ela não for agradável a seus olhos por causa de alguma fealdade, fará um escrito de repúdio, lho dará na mão, e a despedirá de sua casa.
>
> E se ela, depois de ter saído, casar-se com outro e este também a desprezar, e lhe der escrito de repúdio, e a despedir de sua casa, ou se ele veio a morrer, não poderá o primeiro marido tornar a tomá-la por mulher, porque ela ficou poluta e fez-se abominável diante do Senhor (Deuteronômio, 24:1 a 4).

Como se vê, o que se exigia do homem, a esse respeito, era apenas que desse à esposa repudiada carta de divórcio, para que pudesse casar-se com outro, e não mais a desposasse, quando fosse repudiada por outro marido, ou enviuvasse.

Em virtude de tais facilidades, os divórcios ocorriam com muita frequência, tornando assaz precária a estabilidade da família, enquanto o grande número de mulheres repudiadas fazia que o meretrício proliferasse em larga escala, originando-se desse estado de coisas um gravíssimo problema social.

Jesus, modificando os preceitos da lei moisaica, só admite um motivo justo para a quebra dos vínculos matrimoniais: a prostituição.

Nega, assim, tanto ao homem como à mulher, o direito ao divórcio, por "incompatibilidade de gênios" ou outras "causas" de menor peso, comumente invocadas para justificá-lo, causas que mal encobrem o desejo impuro de experimentar novas sensações, por meio de diferentes uniões, ou evidenciam ausência completa de paciência e boa vontade para suportar as falhas do outro cônjuge.

Sendo o casamento uma instituição divina, destinada, não só à conservação da Humanidade, como também a oferecer aos Espíritos, que se unem no grupo familiar, apoio recíproco para suportarem as provas da existência, deve ser resguardado e protegido contra os germes da dissolução, quais os desquites e divórcios que, ainda hoje, são obtidos por qualquer razão, ou mesmo sem razão nenhuma.

A Doutrina Espírita esclarece-nos, a respeito dessa seriíssima questão, que, não raro, Espíritos inimizados em encarnações pregressas são ligados pelos laços do matrimônio para que, nesta nova relação, mediante as vicissitudes e as lutas a serem enfrentadas lado a lado, possam vencer o ódio que os separava, reconciliem-se e tornem-se, afinal, bons amigos.

Isto posto, a separação de cônjuges desajustados só serve para interromper o processo de harmonização entre ambos (que precisará ser reiniciado em existência próxima), retardando o aperfeiçoamento de suas almas e, consequentemente, sua felicidade futura.

"Não separe, pois, o homem o que Deus ajuntou" (*Mateus*, 19:6).

19
Não jureis

"Igualmente ouvistes que foi dito aos antigos: Não jurarás falso, mas cumprirás para com o Senhor os teus juramentos. Eu, porém, vos digo, que absolutamente não jureis, nem pelo Céu, porque é o trono de Deus; nem pela terra, porque é o assento de seus pés; nem por Jerusalém, porque é a cidade do grande Rei. Nem jurarás pela tua cabeça, pois não podes fazer que um cabelo teu seja branco, ou negro; mas seja o vosso falar: Sim, sim; Não, não; porque tudo o que passa disto é de procedência maligna" (*Mateus*, 5:33 a 37).

O juramento, sabem-no todos, é a invocação de Deus por testemunha da verdade daquilo que se afirma. Pode ser, também, como o empenho de alguma coisa em garantia de uma promessa que se faça.

Trata-se de um costume antiquíssimo, introduzido na vida social por causa da desconfiança que os homens sempre tiveram, uns dos outros.

Os judeus haviam sido proibidos, pelas leis de Moisés, de jurar falsamente. Jesus, porém, sempre estendendo e aprofundando essas leis, proíbe terminantemente todo e qualquer juramento, tanto assertório como promissório, apresentando, como razão para isso, nada possuirmos, realmente nosso, que possa ser oferecido para a validação de nossa palavra.

De fato, se tudo pertence a Deus, se todos os nossos bens, inclusive nossa existência, são meros empréstimos da Providência que poderemos ser forçados a devolver a qualquer momento, como jurar, por isto ou aquilo, que cumpriremos tal ou qual compromisso?

Jurar por Deus, sobretudo, é o que menos o cristão deve fazer, pois, se estiver sustentando uma verdade, ela se imporá por si mesma, sem que o santo nome do Altíssimo precise ser envolvido na questão, e, suposto o contrário, então estará cometendo uma blasfêmia ou um perjúrio, com o apresentar Deus como prova de uma mentira.

Ademais, o juramento afigura-se-nos uma prática totalmente inútil, porquanto, quem não se envergonhe de mentir, também será capaz de jurar falso.

Recomendando "Seja o vosso falar: Sim, sim; Não, não", Jesus estabeleceu, para os seus discípulos, uma norma austera de procedimento que torna desnecessária qualquer espécie de juramento.

Significam essas palavras que nos devemos esforçar por fazer-nos acreditados apenas pela nossa boa reputação, evitando, mesmo em circunstâncias sérias e graves, invocar o testemunho de Deus para garantir o cumprimento de nossas promessas ou a veracidade de nossas palavras.

Encerram, ainda, formal condenação ao mau uso da língua, ou seja: à calúnia, à impostura, às frases lisonjeiras, aos mexericos, às críticas maldosas, às evasivas, à dubiedade, aos exageros, enfim, a qualquer manifestação verbal que não corresponda à realidade ou aos verdadeiros sentimentos do coração, porque tais coisas "são de procedência maligna".

Sejamos, pois, na linguagem, como em tudo na vida, leais, sinceros, justos e verazes. Se assim procedermos, estaremos ajudando a erradicar do mundo as inúmeras formas da mentira, que tantos males têm causado à Humanidade.

20

Não resistais ao que vos fizer mal

A ocupação da Palestina, naquele tempo, ensejava constantes motivos de irritação para os judeus.

É que ali, como em todas as regiões que havia conquistado, a soldadesca romana impunha aos vencidos uma dependência odiosa e intolerável, tantas as humilhações e os vexames por que os faziam passar.

Era comum, por exemplo, um oficial romano dirigir-se de um ponto a outro da Judeia ou da Galileia e, nessas viagens, obrigar os camponeses judeus que trabalhavam no campo a interromperem seus afazeres para carregar-lhe pesados fardos.

Da mesma sorte, quem saísse de casa com um destino qualquer, nunca poderia ter a certeza de que chegaria ao local desejado, pois, se lhe acontecesse encontrar pelo caminho algum representante das autoridades dominantes, poderia ser obrigado a retroceder ou a mudar completamente de direção, para prestar qualquer serviço que lhe fosse exigido.

Tentasse alguém reagir contra essas arbitrariedades e conheceria logo o preço de sua ousadia: o sarcasmo e crueldades inomináveis.

É de calcular-se, portanto, a amargura com que os judeus tinham de curvar-se em homenagem às bandeiras romanas, sempre que as viam passar conduzidas pelas tropas de César, e com que ardor aguardavam o dia em que pudessem sacudir o jugo do opressor.

***

Achava-se Jesus ensinando ao povo, nas cercanias de uma cidade que era sede de uma guarnição romana, quando a vista de uma companhia de soldados fez que seus ouvintes evocassem a lembrança do infortúnio que pesava sobre o povo israelita.

O Mestre relanceou o olhar pelos que o circundavam e, em suas faces, viu estampado, de forma indisfarçável, o anseio de vingança que se aninhava em cada coração.

Percebendo que todos o fitavam ansiosamente, esperando fosse Ele aquele que houvesse de lhes dar o poder, a fim de esmagarem seus dominadores, contristou-se, pois bem diferente era a sua missão, e, retomando a palavra, disse-lhes com brandura:

> Tendes ouvido o que foi dito: olho por olho e dente por dente. Eu, porém, vos digo: não resistais ao que vos fizer mal. Se alguém te ferir na face direita, oferece-lhe também a outra; ao que quer demandar contigo em juízo, para tirar-te a túnica, larga-lhe também a capa; e se qualquer te obrigar a caminhar com ele mil passos, vai com ele ainda mais outros dois mil (*Mateus*, 5:38 a 41).

Expressando-se dessa maneira, é claro que Jesus não estava a endossar as violências com que a tirania militar da época acostumara-se a supliciar os subjugados. Longe disso.

O que Ele quis ensinar nessa oportunidade, como aliás o fez durante toda a sua vida terrestre, foi que, malgrado a regra estatuída por Moisés — "olho por olho e dente por dente", a Lei do Amor que viera revelar proibia terminantemente as desforras, as vinditas, não sendo lícito a ninguém vingar-se a si mesmo.

Unicamente a Deus pertence punir, assim os indivíduos como as nações que transgridam os mandamentos de sua Lei. Melhor do que nós, sabe Ele como obrigar os que erram a corrigir o erro cometido contra os semelhantes.

A oportunidade e a importância desses princípios estabelecidos pelo Mestre incomparável ressaltam ainda hoje. Fosse permitido a cada qual fazer justiça por suas próprias mãos, agindo ao sabor de sua vontade pessoal, e a vida em sociedade seria muito difícil, tais os desmandos e excessos que se verificariam.

Talvez se indague: pessoalmente, teve o Cristo ocasião de exemplificar tão sublime ensinamento?

Sim! Foi oprimido e não teve uma expressão de revolta; cuspiram-lhe na face e não revidou o ultraje; teve as costas lanhadas, sem malquerer os que o feriam, e, através dos séculos, chega até nós, da cruz do Calvário, a oração que proferiu por aqueles que lhe davam a morte: "Pai, perdoa-lhes, porque não sabem, o que fazem!".

21
Dá a quem te pede

O oitavo mandamento prescreve: *não furtarás*.

Proíbe, assim, que nos apoderemos de coisa alheia sem consentimento do dono dela. Incrimina, igualmente, todo e qualquer processo fraudulento, como as falsificações, as trapaças, as sonegações, os lucros exorbitantes, a falta de exatidão em pesos e medidas etc., de que possamos valer-nos para subtrair, em nosso proveito, aquilo que é de outrem.

Jesus, aprimorando essa regra de conduta, acrescenta: "Dá a quem te pede e não voltes as costas ao que deseja que lhe emprestes" (*Mateus*, 5:42).

Em *Lucas* (6:30, 34 e 35), o ensinamento é ainda mais expressivo:

> Dai a todo o que vos pedir, e ao que tomar o que é vosso, não lhe torneis a pedir. Se emprestardes àqueles de quem esperais receber, que merecimento tereis? Até os pecadores emprestam uns aos outros, para que se lhes faça outro tanto. Emprestai, sem esperardes nada: grande será a vossa recompensa e sereis filhos do Altíssimo, que faz bem aos mesmos que lhe são ingratos e maus.

Com essas palavras, o Mestre deixou claro que, para sermos cristãos autênticos, é insuficiente não cometermos furtos nem defraudarmos o nosso próximo. Temos de deixar de ser avarentos e egoístas, servindo com boa vontade aos que nos batam à porta, premidos por uma necessidade qualquer, sem daí esperarmos nenhuma vantagem ou retribuição.

Não se trata de dar indiscriminadamente a quantos apelem para a nossa caridade. Muitos existem que esmolam por vadiagem e sem-vergonhice. A esses, nossas dádivas farão mais mal do que bem, porquanto irão contribuir para que se mantenham na ociosidade, quando bom seria que se vissem obrigados a trabalhar, não só para que se aliviassem os encargos da sociedade, como principalmente para que eles, os profissionais da mendicância, adquirissem o necessário sentimento de dignidade pessoal.

Essa cautela, todavia, precisa ter limites; não deve traduzir-se em negativas sistemáticas, nem em devassas na vida alheia.

Em caso de dúvida quanto à veracidade dos que alegam estar em situação difícil, cedamos ao impulso do coração, e ajudemos como e quanto pudermos.

É melhor errar, beneficiando a quem não merecia, do que errar, deixando de acudir a um verdadeiro necessitado.

Na primeira hipótese, a responsabilidade perante Deus é de quem nos ilaqueou a boa-fé; na segunda, é nossa.

Outrossim, guardemo-nos de escorchar os que de nós se socorram, exigindo-lhes juros que não possam pagar senão diminuindo o pão à mesa. Abstenhamo-nos, também, de qualquer violência contra os que não possam restituir-nos o que lhes houvermos emprestado.

Se assim agirmos, sendo benignos com o próximo, mereceremos ser chamados filhos do Altíssimo e grande será o nosso galardão no Reino dos Céus.

22
O amor aos inimigos

"Tendes ouvido o que foi dito: amarás o teu próximo, e aborrecerás teu inimigo. Mas Eu vos digo: Amai vossos inimigos, fazei bem aos que vos têm ódio e orai pelos que vos perseguem e caluniam, para serdes filhos de vosso Pai, que está nos Céus, o qual faz nascer o seu Sol sobre bons e maus, e vir chuva sobre justos e injustos. Porque, se vós amais apenas os que vos amam, que recompensa haveis de ter? Não fazem os publicanos também o mesmo? E se saudardes somente os vossos irmãos, que fazeis nisso de especial? Não fazem também assim os gentios?" (*Mateus*, 5:43 a 47).

Essas máximas de Jesus têm sido interpretadas por uns como rematada estultícia e por outros como uma norma ética sublime demais para que possa ser praticada pelos homens.

De fato, se já nos custa tanto amar os nossos amigos, se é com sacrifício que renunciamos a alguma satisfação ou vantagem pessoal em favor deles, como amar os inimigos e onde encontrar forças para retribuir o mal pelo bem, orando pelos que nos perseguem e caluniam?

Para muitos, perdoar aos inimigos fora uma fraqueza ou mesmo covardia indigna de si. O desejo de vingança é como um bálsamo aos seus sentimentos ofendidos, e, quando não conseguem realizá-lo, guardam um ressentimento que lhes perturba a existência toda.

O máximo que outros concedem aos seus inimigos, aos quais "não querem ver mais, nem pintados de ouro", é o esquecimento dos agravos recebidos. Quase sempre, porém, esse "esquecimento" é apenas aparente, pois, ao saberem-nos vítimas de qualquer infelicidade, gozam com isso e até comentam: "Bem feito! Receberam o que mereciam".

Assim, aquelas recomendações do Mestre parecem realmente absurdas e inexequíveis; no entanto, encerram profundíssima ciência e constituem-se a mais alta filosofia prática da vida.

Como se sabe, e aí estão os psicólogos, psiquiatras e psicoterapeutas para confirmá-lo, a cólera, a malquerença, o ódio, o rancor e os pensamentos de vingança são forças negativas que destroçam o equilíbrio mental, espiritual e até mesmo físico de quem as alimenta, mandando para o cemitério, diariamente, milhares de pessoas, fornecendo grande percentagem de clientes para manicômios, hospitais de doenças nervosas etc., e transformando inúmeros lares em verdadeiros infernos.

Quem alimenta ódio contra os inimigos e procura pagar-lhes mal com mal, inflige a si mesmo, com essa atitude, danos sempre maiores do que lhes pode causar.

À semelhança da bola de borracha, que, atirada violentamente contra um obstáculo qualquer, volta sobre aquele que a atirou, o ódio, sendo também um processo essencialmente reflexivo, sempre reflui contra o odiento. Com a diferença que, no caso da bola de borracha, a intensidade do retorno é sempre igual ao impacto, ao passo que a força do ódio, ao atingir a pessoa visada, ferindo-a ou mesmo matando-lhe o corpo físico, repercute no odiento de forma ainda mais desastrosa. Destrói-lhe a integridade moral, tornando-o passível de terríveis obsessões, e isso sem prejuízo da reparação que lhe será exigida pelas Leis do Carma, as quais lhe imporão, nesta ou em futuras existências, sofrimentos equivalentes aos que haja provocado.

Embora a muitos custe crer, as enfermidades de mau caráter que tanto nos martirizam, fazendo-nos conhecer dores lancinantes, angústias e aflições, são decorrentes de crimes perpetrados no passado contra o nosso próximo, a quem não soubemos amar ou não quisemos perdoar; são amargas consequências de nossa falta de vigilância, de nossa rendição às sugestões do ódio arrasador.

Tratemos, pois, de aprender essa preciosa lição do sábio Mestre, esforçando-nos por ver, naqueles que agem mal para conosco, não "inimigos" aos quais devemos esmagar ou eliminar, mas sim infelizes analfabetos espirituais que ainda "não sabem o que fazem" e, por isso mesmo, mais se recomendam à nossa piedade e às nossas orações.

A grande vantagem de não devolvermos as pedras que nos sejam atiradas pelos nossos desafetos está em que os despojaremos de suas armas, frustrando-lhes novos ataques, além de granjearmos a simpatia das criaturas de bem e atrairmos, para nós e a nossa casa, bênçãos a mancheias.

Se, além de não revidarmos os que nos malqueiram e nos ofendam, formos capazes de tratá-los fraternalmente, procurando conquistá-los com bondade, de sorte que se tornem nossos amigos, então... agora e aqui mesmo, teremos ganho "o Reino dos Céus", porque a paz e a alegria permanecerão para sempre em nossos corações!

23

Sede perfeitos...

"Sede perfeitos, como perfeito é o vosso Pai celestial", recomendou-nos Jesus (*Mateus*, 5:48).

A exemplo das crianças, porém, que só dão valor aos seus brinquedos e levam a vida entre folguedos e sonhos pueris, sem se aperceberem das sérias responsabilidades e dos graves problemas que os adultos devem enfrentar e resolver, grande parte da Humanidade também se comporta, à frente dos objetivos da vida neste plano evolutivo, com uma inconsciência e uma leviandade simplesmente deploráveis.

Fazendo das riquezas o alvo supremo de suas atividades, porque são elas que lhe abrem as portas do mundanismo e lhe propiciam toda a sorte de comprazimentos, engolfa-se numa desgraçada apatia moral, numa abjeta materialidade, sem idealismo, sem nobreza, como se a existência terrena não tivesse uma finalidade útil e após ela nada mais subsistisse.

Em seu desvario, cada qual cuida apenas de salvar as aparências, de evitar escândalo, procurando ocultar ou disfarçar habilmente seus erros e defeitos, para ser tido por pessoa de bem, para que a sociedade forme dele um bom conceito, e, satisfeito com isso, assim atravessa toda a existência, mascarado, aparentando o que não é.

Este mundo, todavia, não é estância de descanso, de *dolce far niente*, nem lugar de divertimentos inúteis, mas sim oficina de trabalho, de estudo e de realizações, onde nos cumpre burilar nossas almas. Quando, pois, finda nossa romagem terrena, voltamos à pátria da verdade, é com enorme tristeza que lamentamos o tempo perdido e não menor desilusão que nos contemplamos tal qual somos na realidade, constatando, horrorizados, o quanto fomos hipócritas para com nós mesmos.

Sim, *post mortem*, é-nos dado observar, com as emoções e sentimentos correspondentes, cada incidente de nossa vida passada, em que nossa preguiça, nossas mentiras, nossos vícios, paixões e desejos grosseiros retratam-se com absoluta fidelidade, em que todas as nossas fraquezas de caráter e todas as nossas más ações voltam a ser vividas de novo. Então, para vergonha nossa, verificamos não ter avançado espiritualmente um passo sequer, tornando-se necessárias novas reencarnações de provas e de expiações, até que realizemos o aprendizado relativo a este mundo, condição indispensável a que passemos a outro, superior e mais feliz.

Contribuem de forma ponderável para essa estagnação espiritual da Humanidade certos princípios religiosos por ela aceitos de longa data e sob cuja influência foi modelado o estilo de vida que aí está.

É evidente ao observador mais superficial que, na juventude e na maturidade, a coletividade humana pouco se preocupa com religião e até zomba daqueles que se mostram escrupulosos no cumprimento de seus deveres.

A razão disso está na crença nela inculcada de que determinados sacramentos são de tal modo eficazes, possuem tão extraordinários poderes que, mesmo as criaturas mais corruptas e perversas, em os recebendo, ficam livres de seus pecados e tornam-se instantaneamente puras, imaculadas e em condições de ingressar imediatamente no Reino dos Céus.

Ora, isso é uma pechincha. E, como ninguém gosta de passar por tolo, tratam todos de "gozar a vida", como dizem, deixando os problemas da alma para *depois*, para quando ficarem velhinhos...

Em que pese, porém, a "boa-fé" (?) dos que assim acreditam, é totalmente inútil supor seja possível alcançar o Céu de mão beijada, quando não se fez outra coisa senão agir em contraposição às Leis de Deus. Pretender isso é o mesmo que desejar auferir juros de um capital que se não depositou.

As Leis Divinas são sábias, justas, inderrogáveis, e não há nada nem ninguém que as possa burlar ou anular os seus efeitos.

O Reino de Deus, ou o Reino do Céu, está dentro de nós mesmos, é um estado de felicidade proporcional ao grau de perfeição adquirida, e não há outro meio de consegui-lo senão praticando o bem, porque só o altruísmo purifica, melhora e aperfeiçoa as almas.

24

Não façais vossas boas obras diante dos homens

"Guardai-vos, não façais vossas boas obras diante dos homens, com o fim de serdes vistos por eles; de outra sorte, não tereis a recompensa da mão de vosso Pai que está nos Céus.

Quando, pois, deres a esmola, não faças tocar a trombeta diante de ti, como praticam os hipócritas nas sinagogas e nas ruas, para serem honrados pelos homens; em verdade vos digo que eles já receberam a sua recompensa.

Mas, quando deres a esmola, não saiba a tua mão esquerda o que faz a tua direita, para que tua esmola fique escondida, e teu Pai, que vê o que tu fazes em secreto, te pagará" (*Mateus*, 6:1 a 4).

Como ressalta do texto evangélico que antecede estas linhas, há duas maneiras bem distintas de fazer boas obras: uma, ditada pelo orgulho; outra, inspirada pela caridade.

Aquela, fortemente impregnada do espírito farisaico, que consiste em aparentar virtudes inexistentes, em exaltar a própria personalidade; esta, calcada na sinceridade e na compaixão pelos sofredores, sem outro objetivo senão fazer o bem pelo amor ao bem.

Aquela, visando a compensações, como a consideração e os louvores da sociedade; esta, buscando apenas a alegria íntima do cumprimento de um dever.

Os fariseus do passado, quando se dirigiam ao templo ou saíam à rua para distribuir esmolas, faziam-se preceder por arautos, que lhes anunciavam a presença com estridentes toques de trombeta. Utilizavam-se desse meio para se fazerem notados pelo povo e adquirirem fama de santos, quando, na realidade, o que abundava neles era a hipocrisia e não a piedade.

Lamentavelmente, criaturas assaz imperfeitas que ainda somos, também nós gostamos de aparecer em campanhas de larga repercussão, mormente quando haja divulgação de nomes dos "benfeitores", mas, não raro, negamos um minuto de atenção a esses infelizes farrapos humanos que nos batem à porta, furtamo-nos ao mais insignificante favor a quem não no-lo possa retribuir, assim como arranjamos sempre uma desculpa para esquivar-nos a qualquer esforço próprio, quando se nos ofereça ensejo de colaborar, anonimamente, nesta ou naquela tarefa de assistência aos desvalidos.

Ensinando-nos a fazer o bem sem ostentação, silenciosamente, dando com a direita, sem que a esquerda o saiba, Jesus quer desenvolvamos em nós os sentimentos de humildade e de legítima fraternidade cristã, sendo modestos e recatados no benefício que fazemos, a fim de não agravarmos a amargura de nossos irmãos necessitados, porquanto, apesar de sua má condição social, eles também possuem dignidade pessoal, que devemos respeitar.

Assim, pois, socorrê-los publicamente, expondo-os a humilhações, é profanar a caridade, tornando-a apenas uma agência de publicidade a serviço de nosso personalismo egoísta e mercenário.

Enquanto fizermos boas obras apenas para sermos vistos pelos homens, sorvendo, qual delicioso néctar, as palavras de elogio que eles nos dirijam, teremos, na própria satisfação efêmera de nossa vaidade, a recompensa de nossos feitos, sem que nada mais nos seja creditado na contabilidade celeste.

Quando, porém, soubermos agir sob os impulsos generosos do coração, por verdadeiro altruísmo; quando formos capazes de servir e passar, sem esperar, sequer, uma palavrinha de gratidão, então, sim, estaremos desenvolvendo nosso Cristo interno e, sintonizados com o Pai celestial, onde quer que estejamos, viveremos permanentemente na mais perfeita tranquilidade de alma, gozando a gloriosa e inenarrável felicidade de... ser bom!

25
Quando orardes...

"Quando orardes, não deveis ser como os hipócritas, que gostam de orar em pé nas sinagogas e nos cantos das ruas, para serem vistos dos homens: em verdade vos digo, que eles já receberam a sua recompensa.

Quando quiserdes orar, entrai em vosso aposento e, fechada a porta, orai a vosso Pai em secreto; e Ele, que vê o que se passa em secreto, vos dará a paga.

E, orando, não faleis muito como os gentios; pois cuidam que pelo seu muito falar serão ouvidos.

Não queirais, portanto, parecer-vos com eles; porque vosso Pai sabe o que vos é necessário, antes que vos lho peçais" (*Mateus*, 6:5 a 8).

Os fariseus, tantas vezes censurados por Jesus por causa da hipocrisia que lhes caracterizava as ações, até quando oravam, deixavam transparecer essa terrível falha moral.

Tinham horas certas para isso e, em chegando os momentos determinados, quer estivessem no templo, quer se encontrassem num logradouro público, recitavam, em altas vozes, suas orações, evidentemente mais para exaltação própria, para se fazerem passar por piedosos, do que para glorificarem a Deus, e daí a razão pela qual afirmou Jesus que, com tal prática, já estavam recompensados.

Ensinando-nos: "quando quiserdes orar, entrai em vosso aposento e, fechada a porta, orai a vosso Pai em secreto, e Ele vos dará a paga", o Mestre deixa claro que a oração, para ser ouvida por Deus, precisa revestir-se de fervor e sinceridade, e, pois, deve ser feita em estado de alma todo especial, sem que olhares e ouvidos curiosos nos constranjam ou inibam.

Jesus mesmo, quando queria entrar em comunhão com o Pai, buscava os lugares ermos, longe do burburinho das cidades, e ali, em silêncio, fazia as suas preces.

Não queremos, absolutamente, negar valimento às preces coletivas que se fazem nos templos de todas as organizações religiosas, desde que haja recolhimento e os presentes se associem, de coração, ao mesmo objetivo, porquanto o Mestre também orava em companhia de seus discípulos.

O que desejamos frisar é que em locais onde se aglomerem muitas pessoas, onde os mais variados estímulos externos impeçam uma boa concentração, impossível se torna estabelecermos um colóquio íntimo, absorvente, com o Pai celestial, e só nestas condições, livres de qualquer perturbação, é que poderemos abrir-lhe nossa alma, segredar-lhe nossas misérias, falar-lhe de nossas necessidades e pedir-lhe que nos auxilie, como o faríamos em conversa particular com um amigo dileto e merecedor de nossa inteira confiança.

Importa reconhecermos, também, que as preces feitas maquinalmente, apenas de lábios, enquanto o pensamento vagueia, assim como as orações em língua estrangeira, que não entendamos, e, por conseguinte, não nos sensibilizem nem nos edifiquem, pouco ou quase nada valem, por lhes faltar aquele cunho de fervor e sinceridade a que anteriormente nos referimos.

De acordo, ainda, com o texto evangélico em epígrafe, tampouco é a repetição mais ou menos prolongada de certas orações que nos granjeará as bênçãos celestiais.

Para Deus, que é onisciente e sabe o que necessitamos, antes de lhe pedirmos, tem mais significação o apelo inarticulado de uma alma aflita, o quebrantamento mudo de um coração tocado pelo remorso, do que as longas orações que se façam por mero formalismo ou em atendimento a hábitos convencionais, mas em que o sentimento não intervenha.

Bom é que desfaçamos, por último, o equívoco muito corrente de que as orações possuam o mérito de expiar pecados e que, para purificar-nos de nossas culpas, bastam uns tantos "pai-nossos" etc., balbuciados à guisa de penitência.

As orações não têm, nem poderiam ter tal eficácia, porque infirmariam os princípios da Justiça Divina, segundo os quais cada um deve colher os frutos de sua própria semeadura.

O Espiritismo elucida-nos que, conquanto não possa mudar os desígnios de Deus, a prece tem, todavia, enormíssimo valor, quando feita com fé, pois atrai a assistência dos bons Espíritos (santos, anjos ou que outras denominações queiramos dar-lhes), os quais podem infundir-nos um suprimento de coragem para enfrentarmos, com denodo, os obstáculos que surjam em nosso caminho, ou então sugerir-nos boas ideias, em forma de intuição, sobre como sairmos, por nós mesmos, das dificuldades que nos assoberbam. Ela pode dar-nos, também, a paciência necessária para suportarmos, resignadamente, as expiações por que tenhamos de passar, em consequência de nossos erros desta ou de existências pretéritas.

Assim compreendida, a prece é sempre benéfica, jamais fica sem resposta, e constitui o melhor recurso de que os cristãos devem valer-se quando sintam que a vida se lhes torna um fardo pesado demais para as suas forças.

26
O Pai-nosso I

"Assim, pois, é que haveis de orar:

Pai Nosso que estais nos Céus; santificado seja o vosso nome. Venha a nós o vosso reino. Seja feita a vossa vontade, assim na terra como nos Céus. O pão nosso de cada dia dai-nos hoje. Perdoai as nossas dívidas, assim como perdoamos aos nossos devedores. E não nos deixeis cair em tentação, mas livrai-nos de todo mal. Assim seja" (*Mateus*, 6:9 a 13).

A oração dominical é, sem dúvida, o mais perfeito modelo de prece que poderia ser concebido.

Concisa, simples e clara, "ela resume" — como diz Allan Kardec — "todos os deveres do homem para com Deus, para consigo mesmo e para com o próximo. Encerra uma profissão de fé, um ato de adoração e de submissão, o pedido das coisas necessárias à vida e o princípio da caridade".

Pena que muita gente, ao recitá-la em seus exercícios devocionais, não procure compreender a profunda significação de seu contexto, nem se aperceba das normas de bem viver que ela prescreve a todos.

Detenhamo-nos, pois, na análise de tão sublime oração, meditando um pouco sobre cada uma das partes que a compõem:

"Pai Nosso que estais nos Céus, santificado seja o vosso nome".

A noção que tenhamos da Divindade reflete-se, inevitavelmente, em nosso modo de agir.

Nos primórdios da civilização, os homens faziam dos deuses um conceito mais ou menos uniforme, tomando-os por potências iradas, às quais era preciso agradar com a oferta de presentes, não só para desviar os dardos do seu furor, como também para granjear-lhes os favores e, com sua ajuda, conseguirem saúde, bem-estar e prosperidade.

Tais oferendas, a princípio, consistiam em frutos; depois começaram a ser oferecidos animais, que os próprios sacerdotes degolavam, sendo que entre muitos povos introduziu-se, por fim, o costume horrível de sacrificar criaturas humanas, especialmente crianças e mocinhas.

Abrimos o Velho Testamento e o Deus que ali deparamos — Jeová, o Senhor dos Exércitos, também se nos apresenta como um ser faccioso, violento, iníquo e vingativo, eis que "escolhe para si um povo no meio das nações", cumulando-o de graças, enquanto aos demais só faz conhecer desgraças; que ordena as mais cruentas matanças, inclusive de crianças e de animais; que aconselha pilhagens dignas dos piores bandoleiros e ameaça com pragas repugnantes todos quantos lhe não atendam às determinações.

Com tais ideias a respeito da Divindade, os homens de então não poderiam mesmo ser melhores, e daí o darem vazão aos seus instintos brutais, serem implacáveis em seus ressentimentos e mostrarem-se impiedosos para com os inimigos.

Um dia, porém, o Cristo desce à Terra e nos fala de um Deus diferente. Um Deus infinito em suas perfeições, cuja onisciência e onipotência manifestam-se por meio das leis imutáveis e sábias que regem a Criação; um Deus sem favoritismos de espécie alguma; um Deus bastante amigo para compreender nossas fraquezas e bastante inteligente para saber corrigi-las e não apenas castigá-las; um Deus que não quer pereça uma só alma, mas que todas se salvem e participem de sua glória; um Deus, enfim, a quem podemos dirigir-nos confiantemente, chamando-o pelo doce nome de Pai.

Notemos, entretanto, que, ao ensinar-nos a chamar-lhe Pai Nosso, Jesus deixa claro ser Ele pai de toda a grande família humana, e não apenas de uns poucos escolhidos.

Contrariamente, portanto, ao ensino de certas religiões, são filhos de Deus todos os homens espalhados por todas as longitudes e latitudes do globo; de todas as raças e civilizações; de todas as classes e de toda fé: católicos e protestantes, espíritas e budistas, muçulmanos e judeus, rosacrucianos e fetichistas, e até os ateus, apesar de pecadores, apesar de transviados, porque todos, absolutamente todos, são amados por Ele com igual e paternal solicitude e hão de ser procurados e salvos pelo Divino Pastor: Nosso Senhor Jesus Cristo.

Por isso, ó Deus, porque sois todo Amor e Bondade, Justiça e Misericórdia, seja o vosso santo nome bendito e louvado por toda a Terra, assim como por todo o Universo, nos astros mais remotos, nos espaços incomensuráveis, onde quer que a vida que provém de vós se haja manifestado, pois não há quem não pressinta a vossa existência e o fim ditoso para que nos criastes!

27
O Pai-nosso II

"Venha a nós o vosso reino."

Que devemos entender por "Reino de Deus" (ou "Reino dos Céus")?

Em mais de uma dezena de parábolas, todas elas muito engenhosas e edificantes, Jesus focaliza os diversos aspectos que o caracterizam. Eis algumas delas: a do semeador, do joio e do trigo, do grão de mostarda, do fermento, do tesouro escondido, da pérola, da rede, do credor incompassivo, dos trabalhadores e as diversas horas do trabalho, dos dois filhos, dos lavradores maus, das bodas, das virgens etc.

Um exame atento dessas parábolas deixa patente que "o Reino de Deus" não é propriamente um "lugar" de delícias, nem uma organização cujos membros se identifiquem por uma determinada fé, mas algo que se verifica no íntimo de nós mesmos: a evolução, o aperfeiçoamento de nossas almas.

Segundo o apóstolo Paulo, "o Reino de Deus não é comida, nem bebida, mas justiça, paz e alegria no Espírito Santo (consciência)" (*Romanos*, 14:17).

Que precisamos fazer para nos tornarmos súditos desse reino?

Isso também foi explanado pelo Mestre com a máxima clareza, constituindo mesmo a ideia central de seus ensinos. Sirvam-nos de exemplo, entre inúmeros outros, os seguintes passos evangélicos:

> Nem todo o que me diz: Senhor, Senhor, entrará no Reino dos Céus, mas sim aquele que faz a vontade de meu Pai (*Mateus*, 7:21).

> Vinde, benditos de meu Pai, possuí o reino que vos está preparado desde o princípio do mundo; porque tive fome, e me destes de comer; tive sede, e me destes de beber; era hóspede, e me recolhestes; estava nu, e me cobristes; estava enfermo, e me visitastes; estava no cárcere, e viestes ver-me... Na verdade vos digo que, quantas vezes fizestes isto a um destes meus irmãos mais pequeninos, a mim é que o fizestes (*Mateus*, 25:34 a 36, 40).

> E eis que se levantou um doutor da lei e disse, para o tentar: Mestre, que hei de fazer para entrar na posse da vida eterna? Disse-lhe então Jesus: Que é o que está escrito na lei? Como a lês tu? Ele, respondendo, disse: Amarás o Senhor teu Deus de todo o teu coração, de toda a tua alma, de todas as tuas forças, de todo o teu entendimento, e ao teu próximo como a ti mesmo. E Jesus lhe disse: Respondeste bem; faze isso e viverás (*Lucas*, 10:25 a 28).

Diante de textos tão cristalinos, parece não subsistir a menor dúvida de que nossa entrada no Reino de Deus depende, não da simples aceitação de uns tantos dogmas religiosos, nem da submissão a este ou àquele sacramento, mas tão somente de possuirmos aquelas qualidades morais que exornam o homem justo e bom.

Quando se estabelecerá entre nós esse Reino?

Tal pergunta, igualmente, fora feita certa vez pelos fariseus, e a ela o Mestre deu a seguinte resposta, breve, mas profunda: "O Reino de Deus não virá com aparência exterior, nem dirão: ei-lo aqui, ou ei-lo acolá; o Reino de Deus está dentro de vós" (*Lucas*, 17:20 e 21).

Meditemos bem nestas palavras: “O Reino de Deus está dentro de vós!”. Não se trata, portanto, de um evento futuro, remoto, como muitos o imaginam, mas de um fato atual, presente.

Com efeito, se nossa alma é “imagem e semelhança de Deus”, como diz o *Gênesis*; se fomos gerados, não da carne, nem da vontade do varão, “mas de Deus”, como nos afirma João, o evangelista; se “dele (Deus), por Ele e nele existem todas as coisas”, como nos revela Paulo, esse reino, inquestionavelmente, está dentro de nós, se bem que em estado latente, à semelhança da planta contida em potencial na semente.

Enquanto o homem ignora a Natureza Divina de sua alma e vai vivendo egoisticamente, embora o Reino de Deus esteja nele, ele não está no Reino de Deus e daí a sua inquietação e seus sofrimentos. Quando, porém, faz essa preciosa descoberta e passa a esforçar-se por desenvolver o seu Cristo interno, pautando os atos de sua vida por aquele ideal sublime que consiste em “fazer a vontade do Pai”, o Reino de Deus entra a desenvolver-se dentro dele, cresce, expande-se, atinge a plenitude, e sua alma ganha então uma paz, uma tranquilidade e uma alegria indescritíveis, que nada, vindo de fora, é capaz de destruir.

Posto que o Reino de Deus, qual o havemos entendido, não pode ser implantado na Terra sem que antes seja uma realidade em cada ser humano que o habite, ajuda-nos, Senhor, a vencer nossa ambição desmedida, nosso orgulho insensato, nossa prepotência descaridosa, nossa vaidade tola, enfim, todos os sentimentos malsãos que ainda nos mantêm desunidos, dispersos e inimizados!

Dá, ó Pai, que cada um de nós compreenda o dever de cooperar para a civilização universal, sem barreiras de espécie alguma, e que todos sintamos o desejo de viver como irmãos, vinculados pelo amor!

28
O Pai-nosso III

"Seja feita a vossa vontade, assim na terra como nos Céus."

É opinião geral, aliás baseada nos ensinos da Teologia tradicional, seja possível, tanto aos anjos como aos homens, deixarem de cumprir a vontade de Deus.

Citam-se, como argumentos em prol dessa tese, as conhecidíssimas histórias da "rebelião celeste" e da "queda do homem". Aquela, de origem ignorada; esta, uma alegoria do *Gênesis* cujo sentido exato poucos hão sabido interpretar.

Arrazoam que é da vontade de Deus que todos se submetam aos seus planos, condição *sine qua non* para ganharem o Reino Celestial, mas, como Ele respeita a liberdade de cada um, muitas de suas criaturas podem, de fato, negar-lhe obediência, embora isso lhes custe a cristalização no mal e a perdição eterna.

Se verdadeira fosse tal doutrina, se pudesse haver alguém capaz de furtar-se, por todo o sempre, ao cumprimento da vontade divina, então Deus não seria onisciente nem onipotente, e, sem esses atributos, não seria realmente Deus.

Raciocinem conosco os que imaginam permita Deus que muitos de seus filhos se percam, apenas para não lhes contrariar o livre-arbítrio.

É notório que grande parte das crianças não gosta de ir à escola e menos ainda de ir ao dentista. Pois bem, qual o pai consciente que, a pretexto de respeitar os sentimentos dos filhos, deixa que se mantenham analfabetos ou que percam os dentes por falta de tratamento?

Sem dúvida, procurará primeiro persuadi-los da necessidade de uma coisa e outra, o que, com um pouco de paciência e de talento, facilmente se consegue. Suposto, porém, o contrário, recorrerá à energia, mas fará, de qualquer modo, que suas determinações sejam cumpridas, não apenas para salvaguardar o princípio de autoridade que precisa existir entre o pai e os filhos, mas para o bem deles mesmos, o que será reconhecido mais tarde.

Ora, Deus é infinitamente mais inteligente que o mais sábio dos homens e, pois, sabe quando e como agir com relação a cada um de nós, a fim de obter nossa adesão espontânea aos seus amoráveis desígnios.

É certo, sim, que gozamos de relativa liberdade para fazer o bem ou o mal, que podemos aproveitar ou não as oportunidades que a Providência nos enseja para o aperfeiçoamento de nossas almas; isso, porém, temporariamente, devido à longanimidade do Pai, nunca em caráter definitivo, irreversível.

A razão é bem simples. É que as infrações às Leis Divinas, por mais leves que sejam, trazem sempre funestas consequências; qualquer desvio do caminho reto conduz, fatalmente, ao sofrimento, o que vale dizer: ninguém será feliz enquanto não for bom.

À vista disso, não havendo quem pudesse comprazer-se em ser eternamente desgraçado, pois isso seria uma aberração, todos, um dia, hão de buscar a felicidade pela prática do bem, ou seja, "cumprindo a vontade de Deus".

Lógico, pois não?

Nossa opção, portanto, não consiste em cumprir ou não cumprir a vontade de Deus, pois ela sempre se cumpriu e jamais deixará de ser cumprida. A alternativa é cumpri-la com alegria e boa vontade, como o é nos mundos mais adiantados do que o nosso, onde as almas cristificadas têm, na submissão às santíssimas Leis de Deus, a fonte da bem-aventurança de que gozam; ou cumpri-la dolorosamente, por via de expiações adequadas e proporcionais às nossas faltas, como acontece toda vez que, no comprazimento de nossos caprichos e na satisfação de nossos desejos, tentamos contrariar ou burlar essas mesmas Leis.

Em nossa tremenda ignorância, não sabendo, ainda, o que mais nos convenha, o que melhor corresponda às necessidades de nossa edificação espiritual, rogamos, muitas vezes, exatamente aquilo em que iremos tropeçar, com retardamento de nossa marcha evolutiva.

Por isso, ó Deus, ilumina nossa consciência para que percebamos qual a tua vontade a nosso respeito: dá-nos forças para que sejamos capazes de cumpri-la fielmente, sem murmurar nem recalcitrar, e ajuda-nos a harmonizar o nosso querer humano, egoístico quase sempre, aos teus altos desígnios, pois só assim haveremos de encontrar um dia a verdadeira felicidade, podendo, então, repetir com o salmista: "Eu amo a tua lei, Senhor, e os teus preceitos são a minha delícia".

29
O Pai-nosso IV

"O pão nosso de cada dia, dai-nos hoje."

O homem, ser complexo que é, constituído de corpo e alma, precisa de substâncias nutritivas que lhe sustentem o organismo e lhe forneçam energias para o trabalho, mas não prescinde de outras coisas mais transcendentes, ou seja, daquilo que favoreça o desenvolvimento de suas faculdades intelectuais e morais.

Nos primórdios de sua evolução, quando apenas vegeta, só carece de manter-se vivo; desse modo, a conquista da subsistência material é a razão de ser de toda a sua luta, de todos os seus esforços.

Posteriormente, entretanto, começa a sentir outras emoções e a alimentar outros desejos, eis que a simples conservação da vida já não o satisfaz. Uma sede de conhecimento exalta-lhe a mente, levando-o a pesquisar o "como" e o "porquê" dos fenômenos que ocorrem consigo e em seu derredor, ao mesmo tempo que um ideal superior — a busca da Beleza e da Justiça — irrompe sob o impulso da Lei de Progresso que lhe preside ao destino, e passa a manifestar-se, insopitavelmente, nos íntimos refolhos de sua alma.

Esse "pão" que, na prece do Pai-nosso, Jesus ensina-nos a pedir ao Criador, não é, pois, apenas o alimento destinado à mantença de nosso corpo físico, mas tudo quanto seja indispensável ao crescimento e perfectibilidade de nossa consciência espiritual, o que vale dizer, à realização do Reino dos Céus dentro de nós.

Devendo conhecer, individualmente, o que é o bem, para cultivá-lo, assim como as consequências do mal, para evitá-lo; tendo, igualmente, de passar por toda espécie de experiências, provando, alternativamente, a alegria e a tristeza, a opulência e a miséria, a saúde e a enfermidade, o poder e a subordinação, porquanto só assim nos será possível formar um caráter reto e justo, cumpre-nos aceitar, de bom grado, com largueza de ânimo, o que a vida, como expressão da Providência, nos reserve, visto que, em última análise, tudo, o sofrimento inclusive, concorre para que nos enriqueçamos em saber e moralidade, e nos aproximemos, cada vez mais, daquele *estado de varão perfeito, segundo o padrão do Cristo*, a que se refere o apóstolo Paulo (*Efésios*, 4:13).

Assim, quando suceder que, apesar de nossa diligência e operosidade, não consigamos escapar à pobreza, aceitemo-la sem revolta, como justa expiação de faltas cometidas em existências anteriores, ou como uma prova a mais no processo de burilamento de nossas almas, convictos de que, sendo Deus infinitamente justo e bom, não nos imporia uma vida de privações se isso não fosse útil ao nosso adiantamento espiritual.

Jamais invejemos aqueles que possuem em abundância, que navegam na prosperidade; tampouco os amaldiçoemos se se esquecem da lei da solidariedade que deve unir todos os homens, como nos ensina o Evangelho.

Curta é a existência corporal e efêmeros os gozos que ela proporciona. Mais vale, portanto, sofrer resignadamente uma sorte madrasta na Terra, e depois experimentar grandes alegrias no Mundo Espiritual, do que levarmos, aqui, uma vida nababesca, mas vazia de amor ao próximo, e acordarmos, depois, no Além, abrasados de remorsos.

Por outro lado, quando a fortuna nos sorria, não nos esqueçamos de repartir pelo menos o supérfluo com aqueles que, impossibilitados de prover à própria subsistência, pela velhice ou pela doença, vejam-se obrigados a estender a mão à caridade pública, tremendo de vergonha e de fome.

Guardemo-nos ainda de, no ganho do "pão nosso", avançarmos também no pão de outrem. Que, ao adquiri-lo para nós, não obremos com injustiça, de modo a termos em demasia, enquanto a outros falte o mínimo suficiente.

Compenetremo-nos, finalmente, de que é legítimo e muito natural almejarmos, para nós e os nossos entes queridos, uma situação de conforto e bem-estar; bom é, todavia, não olvidarmos aquela sábia resposta do Mestre, dada ao tentador: "Não só de pão vive o homem, mas de toda a palavra que sai da boca de Deus" (*Mateus*, 4:4).

30
O Pai-nosso V

"Perdoai, Senhor, as nossas dívidas, assim como perdoamos aos nossos devedores."

Nesta petição, Jesus, o Mestre por excelência, dá-nos a conhecer uma Lei Eterna e imutável, a cujos efeitos todos, sem exceção, estamos sujeitos.

Trata-se da lei do "dar e receber", segundo a qual cada um recebe da Justiça Divina exatamente de acordo com o que dá ao próximo.

Há no Evangelho inúmeras referências a respeito. Sirvam-nos de exemplo as seguintes:

> Se perdoardes aos homens as ofensas que tendes deles, também vosso Pai celestial vos perdoará vossos pecados; mas se não perdoardes aos homens, tampouco vosso Pai celestial vos perdoará" (*Mateus*, 6:14 e 15).

> Não julgueis, e não sereis julgados; não condeneis, e não sereis condenados; perdoai e sereis perdoados. Dai e dar-se-vos-á; qual for a medida de que usardes para os outros, tal será a que se use para vós" (*Lucas*, 6:37 e 38).

> Aquele que semeia pouco, também colhe pouco; mas aquele que semear em abundância, também colherá em abundância" (*II Coríntios*, 9:6).

Leiamos, ainda, a Parábola do credor incompassivo (*Mateus*, 18:23 a 35), em que a referida Lei é exposta com a máxima clareza e, se quisermos garantir nossa bem-aventurança futura, tratemos de observá-la, atentamente, em nossas relações com os que nos cruzam pelo caminho. Porque, se não formos capazes de perdoar àqueles que nos ofendem ou prejudicam, também não seremos perdoados das ofensas ou prejuízos com que tenhamos agravado os nossos semelhantes e, nesse caso, nenhuma igreja, nenhum mentor religioso, nenhum sacramento, nenhuma indulgência, poderá valer-nos, de sorte a assegurar-nos a entrada no Reino Celestial.

Como nos explica Huberto Rohden (*Metafísica do Cristianismo*),

> em todas as línguas a palavra *perdoar* é um composto de *dar* ou *doar*. De maneira que perdoar quer dizer *doar completamente*, abrir mão de si mesmo, dar ou doar o próprio Eu a outrem; neste caso, o ofensor. Em vez de imolar o ofensor a seu ódio, o perdoador imola-se a si mesmo, o ofendido, na ara do seu amor, abrindo assim de par em par as portas de sua alma ao influxo das torrentes divinas.

Outrossim, ensinando-nos a dizer: "Perdoai, Senhor, as nossas dívidas, assim como perdoamos aos nossos devedores", Jesus nega e renega a doutrina das penas eternas, porquanto, se não devêssemos esperar o perdão de Deus, inútil seria estar a pedi-lo.

Notemos, entretanto, e isso é importantíssimo: esse perdão que Ele nos acoroçoa a pedir não é a remissão pura e simples da pena em que tenhamos incorrido. Não! O Mestre o condiciona à lei do "dar e receber": ser-nos-á perdoado "assim como" perdoarmos, o que vale dizer que enquanto formos rancorosos e vingativos haveremos de estar sujeitos às sanções correspondentes, e só quando perdoarmos plenamente aos que ajam mal conosco é que as bênçãos celestiais haverão de envolver nossos corações, impregnando-os de paz e felicidade.

Ora, se Deus faz do esquecimento das ofensas uma condição absoluta, iria exigir de nós, fracos e imperfeitos, o que Ele, onipotente e infinito em perfeição, não fizesse?

Fosse Deus inexorável para o culpado e insensível ao arrependimento dos que o ofendem, negando-lhes por todo o sempre os meios convenientes para que empreendam a própria reabilitação, não seria misericordioso, e, não o sendo, deixaria de ser infinitamente bom.

Resultaria daí que o homem que perdoa aos seus ofensores e retribui-lhes o mal com o bem, seria melhor do que Ele, o que é inconcebível.

Sabendo, pois, que Deus é Amor, mas é igualmente Justiça, e que, pela sua Lei, "é dando que recebemos", esforcemo-nos no sentido de vencer quaisquer ressentimentos ou propósitos inamistosos; antes de buscarmos o revide, cuja satisfação deixa sempre amargos ressaibos, bendigamos os que nos ferem e humilham, porque são instrumentos providenciais na lapidação de nossas almas, fautores preciosos de nosso progresso espiritual.

Perdoemo-nos uns aos outros, não *até sete vezes, mas até setenta vezes sete*, isto é, ilimitadamente (*Mateus*, 18:21 e 22). Assim o fazendo, também o Senhor terá complacência para conosco, cobrindo com seu amor a multidão de nossas culpas.

31
O Pai-nosso VI

"Não nos deixeis cair em tentação, mas livrai-nos de todo mal. Assim seja."

Esta última parte do *Pai-nosso* envolve uma questão muito séria: a das tentações.

Seriam elas prejudiciais à sorte de nossas almas, ou, ao contrário, seriam experiências indispensáveis ao nosso desenvolvimento espiritual?

Para os que entendam sejam elas sinônimo de "instigação para o mal", por obra de Satanás, seriam, sem dúvida, um fator de perdição. Nesse caso, quanto menos fôssemos tentados, tanto melhor, pois correríamos menor risco de "pecar" e, consequentemente, de ser condenados.

O sentido exato, entretanto, em que o Mestre usou o termo, na rogativa em epígrafe, não é esse, mas sim o de "ser posto à prova".

Destarte, o que aí pedimos ao Pai celestial não é o afastamento das provas, mas que não nos deixe cair (quando estivermos) em tentação, isto é, que nos dê forças para sairmos vitoriosos dos inúmeros e variados testes pelos quais temos que passar, em cada existência.

Espíritos assaz insipientes que somos, cumpre-nos viver uma série quase infinita de situações difíceis e antagônicas, para aprendermos a discernir as coisas, ganharmos tirocínio, tornarmo-nos inteiramente conscientes de nossas ações e prosseguirmos, cada vez mais seguros, nossa jornada rumo à perfeição.

As tentações a que somos submetidos constituem, assim, uma espécie de exame ou sistema de aferição de nosso adiantamento.

Os que vencem, esses adquirem novas forças e elevam-se a níveis superiores; os que sucumbem estacionam e vão repetindo as lições da vida, até que as aprendam suficientemente.

Se as tentações em si mesmas fossem danosas para as nossas almas, Deus, que é todo bondade e justiça, certamente não as permitiria; se as permite, é porque sabe serem elas proveitosas a todos os seres em relativa inferioridade.

Os que procuram escusar suas quedas em face das tentações, sejam elas de que natureza forem, atribuindo-as às fraquezas da carne, ou sofismam ou não sabem o que dizem.

Com efeito, sendo a carne destituída de inteligência e de vontade própria, não poderia, jamais, prevalecer sobre o Espírito, que é o ser pensante e livre; portanto, a este e não àquela é que cabe a responsabilidade integral de todos os atos.

Desregramentos, excessos, mau gênio etc., não são determinados por disfunções orgânicas ou outros fatores que tais, mas tão só e unicamente pelas más tendências anímicas de cada um.

O Espiritismo, com a revelação do Mundo Espiritual que nos envolve e das leis que o regem, fez novas luzes em torno do problema, permitindo-nos compreender melhor o mecanismo de muitas das tentações que nos assaltam, e como vencê-las.

Ele nos ensina que todo pensamento é vibração de tal ou qual frequência, pela qual nos pomos em sintonia com os Planos da Espiritualidade.

Conforme sejam nossos pensamentos, o que equivale a dizer: nossos sentimentos — puros, idealistas, construtivos, pomo-nos em comunicação com os seres de elevada hierarquia, de cujo consórcio resulta para nós uma vida bem orientada, tranquila, feliz e repleta de nobres realizações. Da mesma sorte, se a nossa mente só destila pensamentos impuros, mesquinhos, deprimentes, destrutivos, colocamo-nos automaticamente na mesma faixa vibratória dos Espíritos menos evoluídos, que, consoante nossos pendores, procurarão manter-nos nos caminhos declivosos do vício, das paixões, do crime, e muitas lágrimas nos farão derramar.

Isso nos faz compreender a extensão da advertência do Cristo, quando dizia: "Orai e vigiai, para não cairdes em tentação".

É preciso, pois, que apliquemos incessantes esforços contra tudo aquilo que nos deprime e avilta; essa atitude fará que as entidades trevosas se afastem naturalmente, porque nada podem fazer, e renunciam a qualquer tentativa junto aos puros de coração.

Ó Senhor, muito temos errado, contínuos têm sido os nossos fracassos, e isto nos demonstra quanto ainda somos fracos e imperfeitos e quanto devemos esforçar-nos para atingirmos o Divino Modelo, que é Jesus.

Amparai-nos em nossa debilidade, infundi-nos o desejo sincero de corrigir-nos e inspirai-nos sempre, pela voz de nossos anjos guardiães, a fim de que sejamos capazes de resistir às sugestões do mal, mantendo, inquebrantável, o propósito de só pensar, só almejar e só realizar o bem.

Assim seja!

32
O PERDÃO

"Se perdoardes aos homens as faltas que cometerem contra vós, também vosso Pai celestial vos perdoará os pecados, mas se não perdoardes aos homens quanto vos tenham ofendido, tampouco vosso Pai celestial vos perdoará os pecados" (*Mateus*, 6:14 e 15).

Na época em que o Mestre andou pela Terra espargindo as luzes do Evangelho, essa lição deve ter causado estranheza a muitos, habituados que estavam à prática do "olho por olho e dente por dente". Não admira, pois ainda hoje há os que preferem nortear suas ações pelos velhos códigos de Moisés, achando que os preceitos de brandura e mansuetude, recomendados pelo Cristo, servem apenas para fazer covardes e vencidos.

Em verdade, porém, enquanto não aprendermos a perdoar reciprocamente as faltas que cometemos uns contra os outros, a dor e o sofrimento não serão banidos deste planeta.

Por não sermos capazes de perdoar, as prisões regurgitam de infelizes, os hospitais mantêm-se repletos, inúmeras famílias desarmonizam-se e dividem-se, e os tribunais permanecem pejados de processos e querelas de todas as naturezas.

Ódios, rancores e desejos de represália lançam ondas mentais inferiores, maléficas, à atmosfera que nos envolve, tornando-a escura, pesada, tensa, e, mergulhados em tal ambiente, homens e nações vivem nervosos, agitados e irritadiços, em constantes atritos ou conflitos domésticos, sociais e internacionais.

No texto em epígrafe, o Mestre faz-nos sentir que, de um modo geral, todos temos dívidas para com Deus, o qual, em sua misericórdia, está sempre disposto a no-las perdoar, desde que procedamos da mesma forma para com nossos irmãos.

Tal qual o mau servo da Parábola do credor incompassivo (*Mateus*, 18:23 a 35), porém, queremos que Deus perdoe a multidão de nossos pecados, mas negamo-nos a desculpar a menor falta que outrem cometa contra nós.

Assim agindo, lavramos nossa própria condenação, pois nossa intolerância, nossa incapacidade de suportar as fraquezas e os erros alheios, quando nos sentimos prejudicados, têm como efeito a invalidação de nossas súplicas de perdão ao Criador, porquanto é da Lei que, para receber, é preciso primeiramente dar.

Portanto, se não cobrimos com o manto do perdão as faltas cometidas contra nós, nossas infrações às Leis Divinas também permanecerão descobertas na presença de Deus.

Esse perdão, todavia, tem de ser sincero, e não apenas de lábios; deve compreender o esquecimento completo e absoluto das ofensas. Deus não se satisfaz com aparências nem com simulacros, sabe o que vai no íntimo de cada coração, e só levará em conta o indulto verdadeiro.

Há os que dizem, em se referindo a seus ofensores: "Perdoo-lhes, mas não esqueço o mal que me fizeram". Ou então: "Perdoo-lhes, mas não me reconciliarei com eles". Ou ainda:

"Perdoo-lhes, mas nunca mais quero tornar a vê-los em minha vida".

Outros afirmam, também, haver perdoado a seus desafetos, mas, se acontece serem eles atingidos por alguma infelicidade, alegram-se intimamente com isso, e comentam ou pensam: "Bem feito! Receberam o que mereciam".

Esses tais terão perdoado, realmente? Não, e Deus tampouco lhes perdoará as culpas.[1]

Toda e qualquer manifestação de mágoa ou ressentimento indica que subsiste no espírito do ofendido a lembrança daquilo que ele diz ou imagina haver perdoado; prova que a brasa da aversão não está totalmente extinta, mas apenas recoberta por uma camada de cinza, podendo ser reavivada ao sopro de um novo incidente qualquer.

Aprendamos, pois, com o Cristo, a ser mansos e ternos de coração.

Aconteça-nos o que acontecer, não cedamos, nunca, a pensamentos de ódio e de vingança; isto poria em ação forças destrutivas que, mais cedo ou mais tarde, reagiriam contra nós mesmos.

Certamente, os agravos que nos façam não ficarão impunes, mas deixemos a cargo da Providência Divina a justa retribuição.

Eis, para finalizar, mais uma recomendação do Novo Testamento:

---

1 Nota do autor: Lede as belíssimas mensagens sobre o perdão das ofensas, insertas no capítulo X de *O evangelho segundo o espiritismo*.

"Não vos vingueis a vós mesmos... Eu recompensarei, diz o Senhor. Pelo contrário, se o vosso inimigo tiver fome, dai-lhe de comer; se tiver sede, dai-lhe de beber... Não vos deixeis vencer do mal, mas vencei o mal com o bem" (*Romanos*, 12:19 a 21).

33
O JEJUM

"Quando jejuardes, não vos ponhais tristes como os hipócritas, que desfiguram o semblante para que os homens vejam que eles estão jejuando. Em verdade vos digo que já receberam a sua recompensa.

Vós, quando jejuardes, perfumai a cabeça e lavai o rosto, a fim de que o vosso jejum não seja visível aos olhos dos homens e sim aos do vosso Pai, que tem presente a si o que haja de mais secreto; e vosso Pai, que vê o que se passa em segredo, vos recompensará" (*Mateus*, 6:16 a 18).

Sabe-se que o jejum — abstenção ou redução na dose usual de alimentos, sólidos ou líquidos — constitui uma forma de penitência comum a várias religiões.

Os judeus, quando o praticavam, vestiam-se com saco, lançavam cinza sobre a cabeça e imprimiam ao rosto um ar de grande tristeza, tudo isso publicamente, com ostentação, para serem notados e louvados pelos outros.

Jesus, percebendo-lhes a hipocrisia e o orgulho, recomendou a seus discípulos que, ao fazerem esse sacrifício, não deixassem transparecer nenhum sinal de melancolia; ao contrário, que "perfumassem a cabeça e lavassem o rosto", a fim de que não perdessem, aos olhos de Deus, o mérito que um sincero quebrantamento de alma poderia comunicar a esse costume.

Parece-nos que um dia de jejum por semana, como ainda hoje é observado por alguns, constitui, realmente, um hábito salutar, pois contribui para desintoxicar e manter o equilíbrio de nosso organismo, resultando daí reflexos favoráveis até mesmo ao nosso psiquismo, ou seja, às nossas manifestações intelectuais e morais.

Conta-se, por exemplo, que certo dia, ao sair de um festim, Filipe de Macedônia foi procurado por uma pobre mulher, que lhe implorou a reparação de uma injustiça.

Como a condenasse, ela exclamou:

— Apelo!

— E para quem? — perguntou o rei.

— Para Filipe, *em jejum*.

Impressionado por essa resposta, ele decidiu reexaminar a questão e, depois, em nova disposição, modificou a sentença.

O Espiritismo, por não adotar ritual de espécie alguma, tem como estéril qualquer privação que obedeça a mero formalismo religioso, considerando mais importante que nos abstenhamos de qualquer pensamento, palavra ou ato maldoso, por contrários ao amor fraternal que a todos nos deve unir.

Acha meritório, entretanto, que nos privemos de alguma coisa necessária à nossa vida para dá-la a quem mais precise dela, porque aí haverá abnegação e caridade.

Recomenda, também, como exercício proveitoso ao nosso progresso espiritual, que sejamos sóbrios e moderados em tudo e, em vez de mortificarmos a carne, o que, muitas vezes, só serve para arruinar nossa saúde, impedindo-nos de bem cumprir a Lei do Trabalho e deveres outros para com o meio social, tratemos de mortificar os nossos instintos inferiores, privando-os da satisfação de prazeres grosseiros ou inúteis, para não adquirirmos hábitos viciosos que, uma vez enraizados, tornar-se-ão difíceis de extirpar.

Outra forma de jejum que não se cansa de aconselhar é a castidade, ou melhor, o emprego metódico das forças geradoras, porque, conforme está hoje comprovado, o abuso dos prazeres sexuais ocasiona a fraqueza cerebral, determina esgotamento das energias mais nobres e conduz à decadência moral, senão mesmo à loucura.

Tais forças, quando controladas racionalmente, canalizam-se para as funções mais elevadas do homem: as da mente e do coração; e, sublimando-o, tornam-no apto a grandiosas realizações em prol da coletividade. E isso, sem dúvida, será a maior recompensa que um discípulo do Cristo pode almejar.

34
Riquezas

"Não junteis tesouros na terra, onde a ferrugem e a traça os consomem, e os ladrões os desenterram e roubam, mas acumulai para vós tesouros no Céu, onde não os consomem a ferrugem nem a traça, e onde os ladrões não os desenterram nem roubam, porque, onde está o teu tesouro, aí está também o teu coração" (*Mateus*, 6:19 a 21).

Assim exortava Jesus aos judeus da época, cuja ganância do dinheiro era de tal forma obcecante que os fazia esquecer os preceitos da religião.

A situação, hoje, parece ser a mesma. As riquezas continuam exercendo tão fascinante influência na vida que os homens, sufocando ou pervertendo o que há em si de mais nobre e belo, deixam-se absorver por elas, abstraindo-se por completo das coisas celestiais.

Não se creia, conforme pode parecer, que Jesus condene as riquezas. O que Ele recomenda é que nos não escravizemos a elas, nem façamos de sua posse a finalidade exclusiva de nossa existência; pois, sendo transitórias, deixá-las tornar-se-ia uma tortura para os nossos corações.

Ensinando: "ajuntai *para vós* tesouros no céu", quis o Mestre dizer-nos que desenvolvamos as boas qualidades da alma: a caridade, a justiça, a misericórdia, a tolerância, enfim, o amor fraterno para com todos, pois em tal consistem as riquezas imperecíveis, realmente nossas, que as traças e a ferrugem não podem corromper, nenhum incêndio ou inundação pode destruir, e ladrão algum pode arrebatar.

A riqueza, quando utilizada de conformidade com a vontade divina, é o mais poderoso recurso para ativar a evolução e o bem-estar da Humanidade, pois dá serviço aos que dele precisam e contribui para o desenvolvimento da inteligência humana, por meio das Artes e das Ciências.

Se ela fosse repartida igualmente com todas as criaturas, di-lo Kardec, cada um, supondo ter com que viver sem trabalho, procuraria eximir-se dele, resultando daí o mal de todos pela paralisação do progresso e pela falta dos elementos indispensáveis à existência.

Deus a concede, então, a limitado número de pessoas, para que elas a administrem com critério e integridade, fazendo chegar aos demais o bastante para cobrir as suas necessidades.

A riqueza é, ainda, o meio que Deus faculta aos seus detentores para que melhor aprendam a discernir o *bem* do mal e o pratiquem em grande escala, em proveito da coletividade.

Sendo, entretanto, materialmente impossível que todos a usem ao mesmo tempo, cada um a possuirá por sua vez. Quem não a possui hoje, já a teve, ou virá a tê-la em outra encarnação, e quem a possui agora, poderá não a ter amanhã.

Se tivéssemos uma única existência, não se explicaria tal divisão de bens; vivemos, porém, muitas e muitas vezes, e é à luz desta verdade que se afirma o equilíbrio da Justiça Divina.

Muitos queixam-se, e com razões de sobejo, do péssimo uso que alguns fazem da riqueza, chegando, por isso, a duvidar da sabedoria suprema que conduz todas as coisas.

Importa deixá-los, pois ninguém zomba impunemente das Leis de Deus.

Ai daqueles que, possuindo fortuna, não a põem em movimento, deixando, assim, de proporcionar trabalho ao povo!

Ai daqueles que, possuindo haveres em abundância, só cogitam de aumentá-los, aumentá-los sempre, negando-se a atender aos reclamos dos que, premidos pela necessidade, imploram um pouco mais de pão!

Ai daqueles que, vivendo na opulência, só cuidam de suas satisfações pessoais, sem se lembrarem, jamais, dos que sofrem os horrores da fome, dos que sentem os rigores do frio e dos que não têm onde repousar o corpo exausto e combalido pela enfermidade ou pela velhice!

A eles aplica-se aquela sentença de Jesus: "É preciso que haja o escândalo; ai daqueles, porém, por causa de quem vier o escândalo", o que equivale a dizer: É preciso que haja o sofrimento, porque é no cadinho da dor que se depuram os nossos sentimentos. Ai, porém, daqueles que o provocam! Ai daqueles que o semeiam!

A morte, para esses, não será a paz nem a bênção do Céu. Será o desassossego e a maldição. Desassossego pelos acúleos da própria consciência; maldição das vítimas do seu egoísmo e de sua insensibilidade!

Atormentados pelo inferno imanente, sentirão a necessidade de se dirigirem a Deus, suplicando-lhe, por misericórdia, avatares expiatórios e redentores.

Não invejemos, pois, os ricos e poderosos da Terra.

Se a pobreza é a prova da paciência e da resignação, a riqueza constitui a prova do altruísmo e da caridade — bem mais difícil de vencer!

35
Se os teus olhos forem bons...

"Os teus olhos são a luz do teu corpo. Se eles forem bons, todo o teu corpo terá luz; mas, se eles forem maus, todo o teu corpo será tenebroso. Se, pois, a luz que há em ti são trevas, quão grandes não serão essas mesmas trevas!" (*Mateus*, 6:22 e 23).

Diz um refrão popular que "os olhos são o espelho da alma". Isso quer dizer que nossas qualidades anímicas expressam-se ou dão-se a conhecer pela simplicidade ou má índole com que olhamos e consideramos os outros, as coisas e os acontecimentos.

Pessoas há que só têm olhos para enxergar o lado mau de tudo.

Desconfiadas, vivem com medo de serem ludibriadas em seus afetos ou prejudicadas em seus interesses; maliciosas, não confiam em ninguém e estão sempre a fazer mau juízo do próximo; pessimistas, encaram os fatos da existência invariavelmente pelos seus aspectos menos felizes, e, quando solicitadas a opinar sobre a conveniência de qualquer realização, só sabem desencorajar, desmerecer, demolir.

Vendo unicamente o mal onde quer que pousem suas vistas, esperando constantemente o pior de qualquer evento, essas pessoas mantêm-se em sintonia com o astral inferior, envolvem-se em trevas cada vez mais densas, caem num estado de alma mórbido e desgraçado, acabando, geralmente, em deplorável ruína.

Tornam-se, assim, vítimas daquilo que admitem, criam e nutrem persistentemente em si mesmas.

É de suma importância que aprendamos a ver o bem em todos e em toda parte, para que o bem se manifeste e cresça em nossa vida.

Acreditando no bem, mentalizando o bem e esperando apenas o bem, nossos dias transcorrerão tranquilos e ditosos, pois, como disse o Mestre, "o que buscarmos, acharemos".

Em verdade, sendo o Universo criação de Deus, o supremo bem, tudo é bom, tudo obedece a uma finalidade justa, útil e necessária. Até mesmo o que nos fere e faz sofrer e, por isso, "parece" ser um mal, converte-se em benefício para nossas almas, pois fá-las exercitar as virtudes que lhes faltam (a paciência, a resignação, a fé etc.), preparando-as para um futuro melhor.

Não percamos tempo, portanto, na identificação do mal, ainda que a pretexto de fugirmos dele.

Abramos os olhos e estejamos atentos, isto sim, para nos apercebermos das centenas de oportunidades que se nos oferecem, diariamente, para a prática do bem.

Ajamos sempre com sinceridade de propósito e, onde estivermos: no lar, na rua ou no trabalho, procuremos ser solícitos para com os que nos rodeiam, ajudando-os como e quanto nos seja possível.

Se contrairmos esse hábito, não deixando passar uma só ocasião de servir, se mantivermos aceso o ideal de tornar-nos um instrumento pelo qual o Amor de Deus possa chegar aos nossos irmãos, todo o nosso ser se tornará luminoso, irradiando simpatia, calor humano e felicidade.

Teremos alcançado, então, a glória de ser considerados "filhos da Luz".

36

Ninguém pode servir a dois senhores

"Ninguém pode servir a dois senhores; porque, ou há de aborrecer um e amar outro, ou há de submeter-se a este e desprezar aquele. Não podeis servir simultaneamente a Deus e a Mamon" (*Mateus*, 6:24).

Mamon era um dos deuses adorados pelos sírios, na Antiguidade. Representava as riquezas e daí suas estátuas serem fundidas em metal precioso: ouro ou prata.

Malgrado o desaparecimento desses ídolos, Mamon continua sendo cultuado por grande parte da Humanidade, pelos cristãos inclusive.

De fato, a luta absorvente pela conquista de bens materiais a que quase todos nos entregamos, a par das homenagens e salamaleques que tributamos aos ricaços e poderosos, que significam senão o mais fervoroso culto a essa divindade gentílica?

As palavras acima revestem-se, pois, ainda hoje, de grande oportunidade, constituindo séria advertência a quantos, invertendo o preceito evangélico: "buscai primeiramente o Reino de Deus e a sua justiça e o resto vos será concedido por acréscimo", atravessamos toda a existência cuidando apenas de fazer fortuna, vivendo no mais grosseiro materialismo, na suposição de que depois, por meio de ofícios religiosos, possamos ganhar, também, o paraíso.

O texto em foco, entretanto, é muito claro e não autoriza alimentemos tal ilusão.

Não disse o Mestre, notemos bem, que os homens não devem servir a Deus e a Mamon, mas que o *não podem* fazer.

Por que não podem?

Por uma razão fácil de entender-se: os interesses mundanos e os ideais superiores não se correspondem, nem se harmonizam; são, antes, duas forças divergentes, antagônicas, atuando em sentidos opostos.

Quem concentra toda a sua atenção nas riquezas e honras mundanas não tem tempo para pensar nas coisas de cima, e quanto mais progride materialmente, quanto mais aumenta os seus tesouros, mais necessita defendê-los. E, nesse afã, mais fortifica os liames que o prendem a este plano, mais retarda sua evolução.

Compadecido, certamente, de nossa insensatez, eis o que nos dita "um Espírito Protetor", em mensagem inserta no capítulo 16 de *O evangelho segundo o espiritismo*:

> Quando considero a brevidade da vida, dolorosamente me impressiona a incessante preocupação de que é para vós objeto o bem-estar material, ao passo que tão pouca importância dais ao vosso aperfeiçoamento moral, a que pouco ou nenhum tempo consagrais e que, no entanto, é o que importa para a eternidade. Dir-se-ia, diante da atividade que desenvolveis, tratar-se de uma questão do mais alto interesse para a Humanidade, quando não se trata, na maioria dos casos, senão de vos pordes em

condições de satisfazer às necessidades exageradas, à vaidade ou de vos entregardes a excessos. Que de penas, de amofinações, de tormentos cada um se impõe; que de noites de insônia, para aumentar haveres muitas vezes mais que suficientes! Por cúmulo de cegueira, frequentemente se encontram pessoas, escravizadas a penosos trabalhos pelo amor imoderado da riqueza e dos gozos que ela proporciona, a se vangloriarem de viver uma existência dita de sacrifício e de mérito — como se trabalhassem para os outros e não para si mesmas! Insensatos! Credes, então, realmente, que vos serão levados em conta os cuidados e os esforços que despendeis movidos pelo egoísmo, pela cupidez ou pelo orgulho, enquanto negligenciais do vosso futuro, bem como dos deveres que a solidariedade fraterna impõe a todos os que gozam das vantagens da vida social? Unicamente no vosso corpo haveis pensado; seu bem-estar, seus prazeres foram o objeto exclusivo da vossa solicitude egoística. Por ele, que morre, desprezastes o vosso Espírito, que viverá sempre. Por isso mesmo, esse senhor tão amimado e acariciado se tornou o vosso tirano; ele manda sobre o vosso Espírito, que se lhe constituiu escravo. Seria essa a finalidade da existência que Deus vos outorgou?

Atentos a esse conselho amigo, não nos deixemos dominar pelo amor ao ouro, nem pelas paixões que a sua posse suscita e desenvolve nos homens, fazendo até que olvidem o destino transcendente para o qual foram criados.

Lembremo-nos de que, ao deixarmos este mundo, só levaremos conosco aquilo que efetivamente nos pertence: as qualidades morais.

E serão elas, somente elas, que nos garantirão o acesso às regiões felizes da Espiritualidade.

37
Não andeis cuidadosos de vossa vida...

"Não andeis cuidadosos de vossa vida, pelo que haveis de comer, nem do vosso corpo, pelo que haveis de vestir. Não é mais a alma que a comida, e o corpo mais que o vestido?

Olhai para as aves do céu, que não semeiam nem segam, nem fazem provimento nos celeiros, e contudo vosso Pai celestial as sustenta. Porventura não sois muito mais do que elas?

E por que andais solícitos pelo vestido? Considerai como crescem os lírios do campo. Eles não trabalham nem fiam; entretanto, nem Salomão em toda a sua glória se cobriu jamais como um deles.

Pois se ao feno do campo, que hoje existe e amanhã é lançado no forno, Deus veste assim, quanto mais a vós, homens de pouca fé?

Não vos aflijais, pois, dizendo: que comeremos, ou que beberemos, ou com que nos cobriremos? Porque os gentios é que se cansam por essas coisas. Vosso Pai sabe que tendes necessidade de todas elas" (*Mateus*, 6:25 a 32).

O texto que precede estas linhas, longe do que possa parecer à primeira vista, não é uma exaltação à ociosidade. Interpretá-lo "ao pé da letra", supondo nos seja lícito cruzar os braços, à espera de que a Providência nos forneça tudo o de que precisamos, sem qualquer esforço de nossa parte, fora grande estultícia.

O trabalho é o instrumento de nossa autorrealização: suprimi-lo equivaleria a sustar o progresso individual e, consequentemente, a evolução da Humanidade.

Além disso, é ordenação divina que "o homem deve prover ao seu sustento com o suor do seu rosto, chegando o apóstolo Paulo a declarar que quem não trabalha não deve comer".

Essas palavras de Jesus são, pois, isto sim, um incitamento a que tenhamos fé em Deus, nosso Pai celestial, confiemos em sua Bondade infinita e não invertamos a hierarquia dos valores, preocupando-nos mais (ou só) com a conquista dos bens materiais, sem dar a devida atenção à nossa edificação espiritual.

De fato, aquele que nos deu a vida sabe que precisamos de alimentos para a subsistência de nosso corpo, assim como de vestimenta para cobri-lo e resguardá-lo das intempéries.

E porque nos tem amor maior do que o amor que temos a nós próprios, não se limita a prover-nos meramente de quanto nos seja indispensável à existência, mas esparge a mancheias, por toda parte, traços de beleza e cânticos de alegria, a fim de que nossa jornada neste mundo se torne mais suave e mais prazerosa.

As flores gráceis e perfumadas, as árvores frondosas e amigas, as aves com suas plumagens policrômicas e álacres gorjeios são bênçãos maravilhosas com que Deus envolve a todos os seus filhos, para ensinar-nos que assim também devemos proceder uns com os outros, fazendo cada qual quanto lhe seja possível para a alegria e a felicidade de todos.

Aprofundando a explicação, Jesus nos esclarece: "Olhai as aves do céu, que não semeiam nem ceifam, não amontoam nos celeiros e, no entanto, o Pai celestial as alimenta. Não valeis muito mais do que elas?".

É como se nos dissesse:

Por que tanto vos inquietais com "o vosso futuro"? Por que a obsessão de acumular mais do que podeis consumir? Não percebeis que aquilo que retendes, em demasia, vai causar a fome e a miséria de vossos irmãos? Não notastes ainda que o egoísmo é a fonte de quase todos os males que perturbam e afligem a Humanidade?

Vivei como os pássaros: joviais e despreocupados, na certeza de que, seguindo o preceito evangélico do "buscai e achareis", sempre obtereis o de que precisais.

Não vos convencestes ainda da munificência divina? Contemplai, então, os lírios do campo. "Eles não trabalham nem fiam; não obstante, nem Salomão, em toda a sua glória, jamais se vestiu com tanta graça e formosura".

Crede: Deus é nosso Pai, e, se demonstra cuidados com as aves e as flores, que, na escala evolutiva, estão muito abaixo de vós, quanto mais desvelo, quanto mais carinho, não há de ter para convosco?

Não vos martirizeis, portanto, pelo que haveis de comer ou beber, nem pelo que haveis de vestir, porque não fostes colocados na Terra apenas para isso, mas para que aprendais a viver segundo as Leis da Bondade e da Justiça...

Tal — assim nos parece — o vero sentido desta preciosa lição do Mestre dos mestres.

38

Buscai primeiramente o Reino de Deus

Não é preciso ser muito versado em Psicologia para verificar que todas as ações humanas obedecem a um móvel, isto é, são determinadas por um ideal ou um desejo mais intenso.

Aquilo que o indivíduo coloca em primeira plana na vida exerce tal influência em sua conduta que, consciente ou inconscientemente, seus pensamentos, sua conversação, seus hábitos etc., entram a girar em torno desse alvo, e todos os seus passos para ele convergem.

Por conhecer essa lei é que Jesus nos recomenda: *buscai primeiramente o Reino de Deus e a sua justiça* (*Mateus*, 6:33), querendo com isso significar que os cristãos devem colocar os valores espirituais acima de tudo, pois na aquisição deles é que havemos de encontrar a verdadeira felicidade.

Lamentavelmente, são poucos, ainda, os que vivem pelos ideais superiores.

Em geral, o que os homens querem e buscam sofregamente é o reino da terra mesmo.

Para amealhar fortuna que lhes proporcione, depois, uma vivência faustosa e sem cuidados, ou conquistar destaque social que lhes lisonjeie o orgulho, não há incômodos, esforços, nem sacrifícios que não estejam dispostos a enfrentar.

Alguns, para conseguir esse objetivo utilitário, não hesitam em empregar processos ignominiosos: exploram o serviço dos semelhantes, organizam trustes e monopólios nefandos, engendram conciliábulos políticos, descem, enfim, a todas as vilanias e torpezas, sem atender a qualquer reclamo da própria consciência.

Esses tais avaliam o êxito na vida pela conta-corrente que tenham nos bancos ou pela posição adquirida na sociedade, e, em sua grosseira materialidade, consideram que seria uma desgraça verem-se privados desses elementos.

Esquecem-se, entretanto, de que, ao transporem as aduanas da morte, não só deixarão aqui os seus queridos tesouros, como ainda terão de responder, perante a Justiça Divina, pelos meios que empregaram para acumulá-los!

Olvidam, igualmente, que o prestígio mundano é algo de todo inútil no "lado de lá", onde os que se exaltam aqui na Terra serão humilhados, e os que são adulados poderão ser escarnecidos, senão relegados ao horror das trevas que o egoísmo houver adensado em volta de suas almas!

Compenetremo-nos, pois, de que tudo aquilo que só serve para a existência terrestre é mera vaidade, e, seguindo o conselho do Mestre, porfiemos no bem, para merecermos a glória de tornar-nos súditos do "Reino de Deus".

39

Não vos inquieteis pelo dia de amanhã

"Não vos inquieteis pelo dia de amanhã, porque o dia de amanhã a si mesmo trará seu cuidado. Basta a cada dia a sua própria aflição" (*Mateus*, 6:34).

Ressalta à observação comum que os homens nunca viveram tão inquietos e amedrontados como na atualidade. Haja vista a quantidade fabulosa de drogas "tranquilizantes" que consomem.

Parece terem perdido completamente as esperanças de um futuro melhor, que algo terrível, qual espada de Dâmocles, lhes ameaça os destinos, e daí a angústia ou o desespero com que encaram "o dia de amanhã".

Alguns tentam dissimular esse estado de ânimo, procurando ganhar fortuna, de qualquer maneira, por ser o dinheiro o "abre-te, Sésamo" do prestígio social, por ensejar-lhes a satisfação de toda a sorte de prazeres, permitindo-lhes, enfim, "gozar a vida", antes que o mundo se acabe...

Ao impacto dos desenganos, ou por via da saciedade, tais quimeras, entretanto, logo se desfazem, quais bolhas de sabão, e, desiludidos, frustrados, reconhecem afinal que nunca houve, realmente, nem paz nem alegria em seus corações.

Quais as causas de a Humanidade haver chegado a tão deplorável desequilíbrio psíquico?

A nosso ver, a causa é uma só: a falta de Fé!

Não dessas "fezinhas" denominacionais, estreitas, sectárias, que superabundam por aí, mas da fé mesmo, sem qualquer adjetivação, significando "confiança absoluta em Deus".

Sim, o que está faltando à Humanidade, para que ela se tranquilize e seja relativamente feliz, tanto quanto o permitam as condições deste mundo de expiações e de provas, é, pura e simplesmente — fé em Deus.

Possuíssem os homens essa preciosa virtude, estivessem plenamente convictos da solicitude do Pai celestial para com todas as suas criaturas, e outra seria a maneira de reagirem à frente das vicissitudes da existência.

Compreenderiam que, sendo Deus a expressão máxima do Amor, só deseja o nosso bem, a nossa felicidade; assim, não desampara ninguém e sempre encontra meios de prover-nos do "pão de cada dia". Mas, como é também a Justiça perfeita, deixa que sintamos as consequências de nossos erros, para que os procuremos evitar, assim como permite que soframos o choque de retorno de nossas maldades, para que aprendamos a "não fazer aos outros aquilo que não queremos que nos façam".

Lembrados do que dizem as Escrituras: "Nenhum passarinho cairá por terra sem a vontade do Pai e até mesmo os cabelos de vossa cabeça estão todos contados" (*Mateus*, 10:29 e 30), (os homens) conheceriam que tudo obedece aos soberanos desígnios de Deus.

Suportariam, então, pacientemente, toda e qualquer situação penosa que não pudessem remover, por sabê-la justo resgate de faltas pretéritas, quando não uma experiência útil e necessária à lapidação de suas almas, condição indispensável a que se aproximem do Criador, tornando-se partícipes de sua glória.

Coragem, pois.

Não nos deixemos vencer pelo desânimo, pelo pessimismo, pela descrença. Por maiores que sejam os nossos padecimentos no dia de hoje, lembremo-nos de que "amanhã será outro dia" e bem pode ser que Deus, em sua misericórdia, lhes ponha fim.

Por outro lado, alijemos de nossa mente e de nosso coração pensamentos funestos, apreensões e temores, porquanto muitas e muitas vezes nos atormentamos à toa, por coisas que nunca chegam a realizar-se.

"Basta a cada dia a sua própria aflição."

40

Com a medida com que medirdes, sereis medidos

"Não queirais julgar, para que não sejais julgados, pois com o juízo com que julgardes, sereis julgados, e, com a medida com que medirdes, vos medirão também a vós" (*Mateus*, 7:1 e 2).

As palavras acima constituem confirmação inequívoca de uma Lei universal denominada pelos hindus como a Lei do Carma, e por várias correntes espiritualistas como a Lei de Causa e Efeito, segundo a qual cada alma "colhe os resultados de sua própria semeadura", ou, em outros termos, "sofre a reação de sua própria ação", e isto de forma exata, precisamente como operam os princípios da Matemática ou da Química.

Aliás, o fundador do Cristianismo teve ensejo de referir-se mais de uma vez a essa velha concepção da Justiça Divina, emprestando-lhe, assim, foros de absoluta veracidade.

Vale a pena, pois, conhecê-la.

A Lei do Carma ou de Causa e Efeito, dizem seus mais conspícuos expositores, é automática em suas operações, não sendo possível a ninguém defraudá-la ou escapar-lhe às consequências. Por ela, todo o bem praticado, isto é, tudo quanto contribua para a evolução e a felicidade de todos, traz alegria e gozo espiritual, enquanto todo o mal realizado, ou seja, tudo quanto impeça o desenvolvimento, as boas relações e o bem-estar da Humanidade, acarreta necessariamente o oposto: lágrimas e sofrimentos.

Esse gozo ou esse sofrimento, entretanto, não são propriamente "prêmio" ou "castigo", conforme ensinam os sistemas teológicos, mas apenas o resultado de uma Lei Natural que age no sentido de fazer com que o homem se conduza com retidão, conscientemente e por vontade própria, advertindo-o (pela dor) toda a vez que enverede por caminho errado.

Quando alguém procede com avareza, desonestidade, intolerância, orgulho etc., está preparando para si mesmo um futuro em que sofrerá o que tem feito sofrer a outros, não porque Deus se compraza em puni-lo "por causa" de seus erros, mas para que, experimentando-lhes os funestos efeitos, evite repeti-los, tratando de corrigir-se. Reincidindo neles, experimentará um sofrimento ainda mais agudo, até que saiba viver segundo a Regra de Ouro, "fazendo ao próximo o que deseja que lhe façam".

Os atos de violência, a crueldade e os homicídios produzem no envoltório fluídico do agente, pelo choque de retorno, uma laceração tanto mais dolorosa e prolongada quanto maior a gravidade das causas e o poder das forças em ação, repercutindo, de renascimento em renascimento, em doenças nervosas, tiques, deformidades e até em casos de loucura.

A embriaguez, a luxúria, a devassidão, enfim, toda sorte de vícios, conduzem os que se comprazem em cultivá-los a corpos débeis, enfermiços, desequilibrados e sem beleza, para que aprendam a não mais abusar das forças vitais.

As expiações, por conseguinte, são um incentivo para que o homem desenvolva as virtudes cristãs e adquira o gosto pelas ações retas e justas, e, porque o são, têm de ser cumpridas rigorosamente, de nada valendo as intercessões e as suplicações de quem quer que seja.

O simples arrependimento, ainda que sincero e profundo, não é suficiente para livrar alguém da repercussão de seus maus atos; é realmente um fator muito importante na reforma do caráter pessoal, mas a isso deve seguir-se a *reparação*, ou seja, o devotamento e o bem-fazer em favor daqueles a quem se haja prejudicado, ou, então, uma nova vivência, altruísta, a traduzir-se em realizações de amor puro, solidariedade humana e sacrifício do próprio "eu", a bem dos semelhantes.

Poderá parecer que nem sempre os homens bons recebem da vida aquilo a que fazem jus, pelas suas boas ações, e que nem sempre, também, os maus indivíduos são castigados pelos males que causam.

Puro engano. Essa consequência, positiva ou negativa, se nem sempre se manifesta imediatamente ou de forma que se torne pública e notória, é inexorável, infalível! Mesmo que tarde anos ou séculos, seja nesta existência ou em outras posteriores, a Lei do Carma dará "a cada um conforme as suas obras", eis que o equilíbrio cósmico da Justiça não poderá ser quebrado, jamais.

41
O ARGUEIRO E A TRAVE

"Como é que vedes um argueiro no olho do vosso irmão, quando não vedes uma trave no vosso olho? Ou, como é que dizeis a vosso irmão: deixa-me tirar um argueiro do teu olho, vós que tendes no vosso uma trave? Hipócritas, tirai primeiro a trave do vosso olho e depois, então, vede como podereis tirar o argueiro do olho do vosso irmão" (*Mateus*, 7:3 a 5).

É assim mesmo.

Quase todos nós somos muito sagazes em discernir defeitos nos outros, mas raramente nos apercebemos dos nossos.

Acontece ainda, muitas vezes, que a pequena imperfeição de nosso próximo assemelha-se a uma palhinha ou cisco insignificante, enquanto a nossa, relativamente, pode ser comparada a uma viga ou tronco de árvore. No entanto, com que presteza e facilidade enxergamos o *argueiro* no olho de outrem, e com que disfarces tentamos ocultar a *trave* que nos tapa a visão!

Segundo o símbolo utilizado pelo Mestre, sempre que, movidos pelo espírito de crítica, ousamos condenar um irmão, tornamo-nos mais culpados que ele, eis que nossa acusação revela falta de tolerância, forte orgulho e acentuada propensão para o farisaísmo.

Tivéssemos um caráter reto, um coração piedoso, e não nos comprazeríamos em ressaltar os aspectos negativos do comportamento de nossos semelhantes, o que, sobre ser um gesto antifraterno, põe a nu nossa presunção de fazer-nos passar por inatacáveis, quando, em verdade, um bom exame de consciência nos acusaria das mesmas falhas que censuramos e talvez de outras ainda mais graves.

Manda a ética cristã que sejamos comedidos no julgamento das obras alheias, usando de severidade apenas ao julgarmos as nossas.

Quando comparecermos ante o Tribunal Divino, finda nossa romagem terrena, de que nos aproveitará havermos cuidado dos outros, se nos esquecemos de cuidar de nós próprios, deixando que nossa existência se consumisse sem proveito para nossa alma, sem realizar o menor progresso no sentido espiritual?

Na apóstrofe: "Hipócritas, tirai primeiro a trave do vosso olho e depois, então, vede como podereis tirar o argueiro do olho do vosso irmão", Jesus dá-nos a entender que é preciso ser bom para fazer o bem e que cada um de nós só poderá auxiliar eficazmente os semelhantes, na medida dos recursos que possua. Ninguém pode dar o que não tem.

Assim, se desejarmos corrigir determinado defeito de alguém, é preciso que sejamos perfeitos, pelo menos nesse ponto, porquanto os conselhos e advertências que possamos oferecer, embora adequados e oportunos, não surtirão nenhum efeito, não exercerão nenhuma influência edificante, se não tiverem a valorizá-los a força moral do exemplo correspondente.

Essa lição evangélica é válida para todos, especialmente para os pais.

Como poderão eles reprimir os vícios, os desregramentos e os maus hábitos dos filhos, se são os primeiros a escandalizá-los com as falhas clamorosas de sua conduta?

Dizer-lhes que não devem fumar, beber nem jogar, que devem ser recatados, honestos, leais, verdadeiros etc., quando eles próprios fumam, bebem, jogam, transigem com a indecência, enganam-se um ao outro, falam mal das pessoas que compõem seu círculo de amizades, mentem deslavadamente, violando, a todo instante, as regras mais comezinhas do bom proceder, só pode dar nisso que vemos por aí.

Esforcemo-nos, pois, por conduzir-nos na vida, tendo por norma os preceitos cristãos, para que, transformados, possamos, de fato, fazer algo em favor da regeneração de outras almas.

42

Não lanceis aos porcos as vossas pérolas

"Não deis aos cães o que é santo, nem lanceis aos porcos as vossas pérolas, para que não suceda que as calquem aos pés e, voltando-se contra vós, vos despedacem" (*Mateus*, 7:6).

É da sabedoria popular que "a riqueza só tem valor para quem a sabe aproveitar".

Uma boa ilustração disso é-nos oferecida pela fábula do galo que, estando a catar em um monturo vermes ou migalhas que comesse, deu com uma pedra preciosa.

Vendo-a, exclamou: Ah! se um lapidário te encontrasse! Como haveria de regozijar-se com o achado! A mim, porém, de nada vales. Melhor me serviria um grão de milho ou algum bichinho.

E, afastando-se desdenhosamente, continuou à procura de algo que lhe satisfizesse às necessidades do estômago.

O mesmo se pode dizer das coisas espirituais.

A utilização de nossas forças mentais e dons psíquicos, o domínio das leis que regem a comunicabilidade com o Além etc., são noções benéficas quando empregadas com critério, para fins edificantes; colocadas, porém, ao alcance de pessoas ignorantes ou inescrupulosas, podem ser desnaturadas, aviltadas, transformando-se em instrumento para a prática do mal.

Da mesma sorte, certas verdades que sobre-excedem a ciência comum, e ideias novas que vêm contrariar os costumes da época, de início só podem ser assimiladas e saudadas com entusiasmo por uns poucos; forcejar sua aceitação geral, principalmente quando firam interesses ou infirmem privilégios, é expor-nos a violências, senão mesmo ao extermínio. A História que o diga!

Assim, ao recomendar-nos que não ofereçamos aos "cães" o que é santo, nem lancemos aos "porcos" as nossas pérolas, o Mestre referia-se, evidentemente, a determinados tipos de homens, ainda muito atrasados intelectual e moralmente, aos quais não convém sejam revelados conhecimentos superiores ao seu grau evolutivo, para que não contraiam perante a Justiça Divina maior soma de responsabilidade do que poderiam suportar, nem venham a prejudicar o próximo com o mau uso deles.

Isso não quer dizer, entretanto, que desprezemos tais criaturas, considerando-as indignas de nossa solicitude.

Tampouco significa que os problemas do espírito e as questões transcendentes devam ser conhecidas exclusivamente pelos iniciados e sacerdotes. Em absoluto.

Essas palavras visam a ensinar-nos a proceder com tato e prudência, aguardando a ocasião mais oportuna para que nossa semeadura produza os resultados desejados, pois, como é notório, todos assimilam facilmente aquilo que lhes interessa, enquanto mal toleram o que não lhes excite a curiosidade ou não lhes traga proveito imediato.

Jesus, conhecedor profundo que era da psicologia humana, sabia disso, e daí a recomendação em tela, para que não malbaratemos nossos esforços de catequese com quem se ressinta das condições mínimas de receptividade ao trato das coisas santas.

Jamais, todavia, deixou de aproveitar qualquer ensejo para o soerguimento dos caídos na degradação ou mesmo no crime, desde que percebesse neles um desejo sincero (ainda que oculto) de reabilitação moral própria.

Haja vista, entre outros, os episódios em que, com o fascínio de seu verbo, despertou para uma nova vida Zaqueu, o publicano corrupto, e Maria Madalena, a pecadora possessa de sete demônios.

43
Buscai e achareis

"Pedi, e dar-se-vos-á; buscai e achareis; batei e abrir-se-vos-á; porque todos os que pedem, recebem; os que buscam, acham; e a quem bate, se abre" (*Mateus*, 7:7 e 8).

Com essas palavras, Jesus exorta-nos à oração e à confiança em Deus, na certeza de que Ele não deixará, jamais, de atender às nossas necessidades, sejam elas coisas materiais ou espirituais, desde que façamos a nossa parte, diligenciando por obtê-las.

Para não deixar a menor dúvida sobre esse ponto, após fazer aquela tríplice referência à solicitude com que devemos conduzir-nos, para que o Céu nos ajude, o Mestre repete-a, afirmando, categoricamente, que "todos os que pedem, recebem; os que buscam, acham; e a quem bate, se abre".

Muitos homens supõem que, sendo Deus onisciente, sabe perfeitamente o de que carecemos e tudo fará por nós sem que precisemos pedir-lhe nada, nem dar-nos a qualquer incômodo.

Demonstram, com essa atitude, que não compreenderam as promessas do Evangelho.

Primeiramente, a razão do "pedir" não é informar a Deus do que havemos mister, nem lembrá-lo de algo que, porventura, tenha esquecido, porque, de fato, Ele sabe de tudo a nosso respeito e não é de sua natureza fazer-se rogado para derramar-nos as suas bênçãos.

Com o "pedir", confessamos nossa indigência, nossa fraqueza, e, com esse ato de humildade e de fé, criamos aquelas condições de receptividade indispensáveis para que a Graça Divina possa atuar sobre nós, fortalecendo-nos o ânimo, de modo a levarmos a bom termo os nossos empreendimentos, inspirando-nos soluções adequadas aos problemas que nos aflijam, assim como infundindo-nos paciência e resignação, quando se trate de vencermos uma prova difícil.

Não basta, porém, pedir. É preciso, em complemento, "procurar" e "bater", isto é, que nos mexamos, que trabalhemos persistentemente, até atingirmos o objetivo colimado.

Assim, quer almejemos a conquista de uma situação mais confortável, quer desejemos vencer nossas inferioridades morais a fim de formarmos um caráter reto, seja o benefício que for, os esforços próprios são absolutamente necessários.

Esperar que Deus nos dê esses bens, dispensando-nos de qualquer colaboração, fora insensatez, porquanto, neste ou naquele terreno, "o progresso é filho do trabalho".

Há outra classe de homens que, igualmente, nada pedem a Deus. É a dos autossuficientes, que, confiando apenas em si mesmos, julgam tudo poderem conseguir só com os recursos de sua inteligência e operosidade.

A esses Deus não castiga, como erroneamente se afirma por aí, mas abandona-os às próprias forças. As quedas e frustrações que, na certa, virão a sofrer, incumbir-se-ão de abater-lhes o orgulho, fazendo que reconheçam suas limitações e se voltem para o Alto.

Não sejamos, portanto, nem dos que se mantêm apáticos, inertes, esperando que Deus preveja e proveja tudo para eles; nem destes outros, arrogantes, presunçosos, que acreditam poderem prescindir do auxílio de Deus.

Oremos, confiantes, e trabalhemos, perseverantes; assim procedendo, sempre acharemos quem nos estenda mãos amigas, e todas as portas abrir-se-nos-ão, pois não há obstáculos que não sejam removidos ante o empenho de uma vontade inquebrantável, aliada a uma fé viva e operante!

44
O amor paternal de Deus

"Qual de vós porventura é o homem que, se seu filho lhe pedir pão, lhe dará uma pedra? Ou se lhe pedir um peixe, lhe dará uma serpente? Pois se vós outros, sendo maus, sabeis dar boas dádivas a vossos filhos, quanto mais vosso Pai celestial dará bens aos que lhos pedirem?" (*Mateus*, 7:9 a 11).

Não se conhece na Terra amor maior que o dos pais pelos filhos.

Sejam eles desobedientes, estroinas ou facínoras, tenham os defeitos que tiverem, nem por isso seus progenitores os renegam ou deixam de estimá-los.

Não raro, esses filhos abandonam o lar, para se entregarem a toda sorte de aventuras, ou então cobrem a família de vergonha com seus desatinos, mas, ainda assim, embora de alma opressa e coração traumatizado pela dor, os pais não cessam de abençoá-los nem se cansam de auxiliá-los, por todos os meios ao seu alcance, esperançosos de que, mais dia menos dia, tomem juízo, emendem-se e retornem ao bom caminho.

Malgrado eles próprios estejam longe de serem modelos de virtude e de bondade, conquanto se ressintam também de clamorosas falhas de caráter, isso não obsta a que façam todos os sacrifícios imagináveis para o bem daqueles a quem deram o ser, tão grande é a força e tão maravilhosas são as faculdades do amor paternal.

Nenhum homem — di-lo Jesus — seria capaz de trair a confiança que sua condição de pai inspira ao filho, e, pois, quando este lhe peça um pão ou um peixe com que saciar a fome, de forma alguma irá dar-lhe, em substituição, uma pedra ou uma serpente. Isto seria uma aberração dos sentimentos que, por natureza, se encontram até nos reprodutores infra-humanos.

Pois bem, se nós, homens, com todas as nossas imperfeições, sabemos dar boas dádivas aos nossos filhos, se fazemos depender a nossa alegria de suas alegrias, e a nossa felicidade da felicidade deles, que dizer de Deus, nosso Pai celestial? Quanto maior não será a sua solicitude, o seu desvelo, a sua ternura para conosco?

Não se infira daí, entretanto, que, por muito nos amar, Deus deve satisfazer a todos os nossos caprichos e vontades, como o fazem certos pais insensatos que, a pretexto de não criar complexos em seus filhos, entendem ser de boa praxe deixarem que deem livre expansão aos seus instintos e más tendências inatas, quando seu dever fora precisamente o contrário: dominar esses instintos, sofrear essas más tendências, e, com pulso firme, imprimir-lhes uma nova direção nesta nova oportunidade que a reencarnação lhes propicia.

Absolutamente não! Porque muito nos ama, agindo inteligentemente, como nenhum pai humano saberia fazê-lo, Deus só nos concede aquilo que seja útil ao aprimoramento de nosso espírito, à nossa evolução, recusando-nos tudo quanto possa acarretar sérios danos a nós e a outrem.

Às vezes, para que ganhemos experiência, cede às nossas rogativas e nos enseja a posse de algo para cuja utilização não estamos ainda suficientemente preparados. Os dissabores e decepções que, em tais circunstâncias, viermos a sofrer, ser-nos-ão proveitosos, pois farão que nos tornemos mais ponderados.

Via de regra, porém, o Pai celestial deixa de ouvir as nossas súplicas quando aquilo que pedimos, em vez de ser um benefício, venha a constituir-se uma pedra de tropeço em nosso destino, para dar-nos coisas mui diversas, geralmente recebidas a contragosto, quais sejam: doenças, pobreza, dificuldades etc., por ser isso, exatamente, o que mais convém aos nossos espíritos insipientes, para que progridam e se ponham em condições de, no futuro, conhecer outros gozos mais puros e mais duradouros que não os grosseiros e efêmeros prazeres da matéria.

45
A regra áurea

"Tudo o que vós quereis que vos façam os homens, fazei-o também vós a eles, porque esta é a Lei e os profetas" (*Mateus*, 7:12).

Conhecedor profundo da alma humana, sabia o Mestre que a preocupação constante dos homens de seu tempo (como ainda dos de hoje) consistia em *receber*, do meio social a que pertenciam, o máximo possível em gozo e em posse, sinal característico do forte egoísmo que os dominava.

Tomando, pois, esse amor de cada um a si mesmo, como padrão dos nossos deveres para com o próximo, estabeleceu Ele o meio mais fácil e mais seguro pelo qual haveremos de compreender o que e quanto devemos *dar*, em obediência à Lei do Amor Universal que nos cumpre desenvolver, a fim de que se estabeleça em nosso mundo o reinado de Deus.

Em nossas múltiplas relações com os outros, coloquemo-nos em seu lugar: identifiquemo-nos com os seus sentimentos, sintamos-lhes as dificuldades, conheçamos-lhes os anseios, e, depois, façamos-lhes como, invertendo-se os papéis, desejaríamos que eles procedessem conosco.

Não há melhor estalão com que aferir a nossa honestidade, nem expressão mais legítima do "amor ao próximo como a nós mesmos".

Esta regra áurea, se praticada por todos, faria que se modificassem completamente as condições de vida de nosso planeta. Extinguir-se-iam, uma a uma, todas as causas de sofrimento da Humanidade; desobstruir-se-ia o caminho dos pedrouços que lhe embaraçam o progresso moral e, ao cabo de algum tempo, a felicidade seria geral, porque já então, morto o egoísmo em todas as suas formas: o egoísmo pessoal, de família, de casta e de nacionalidade, veríamos implantado entre os terrícolas o primado da abnegação, da caridade, do desprendimento, da justiça, da paciência, da tolerância, da solidariedade, da paz etc., porque as grandes e nobres virtudes, sem exceção, são, todas elas, filhas do Amor.

Dizendo-nos que "esta é a Lei e os profetas", quis Jesus significar que esta regra de proceder resume toda a Lei Divina e tudo quanto fora ensinado pelos profetas da Antiguidade.

O "fazei aos outros o que quereis que os outros vos façam" contém a mesma verdade deste outro ensinamento doutrinado algures no Sermão da Montanha: "com a medida com que medirdes, também sereis medidos". É a lei da causalidade. A toda causa corresponde um efeito, o qual será sempre da mesma natureza da causa que o originou.

Aquilo que fizermos aos outros, seja bem ou seja mal, terá, certamente, sua reação sobre nós, em bênçãos ou em sofrimento. Tudo quanto dermos, havemos de receber de volta. Os benefícios que fizermos ao próximo são-nos retribuídos em dobro, aqui mesmo na Terra, em tempos de necessidade, ou no Além, na moeda do reino, em alegrias espirituais.

Da mesma sorte, o mal praticado a dano de outrem volve também. Todos os atos maléficos dão origem a sofrimentos para quem os cometeu, o qual, nesta ou em futuras encarnações, será levado a passar pelas amarguras por que fez outros passarem; sentirá aquilo que eles sofreram.

E isso, que a alguns pode parecer uma negação do amor de Deus para conosco, é, ao contrário, a mais solene afirmação de seu amor paternal, pois Ele quer que todas as criaturas progridam, combatam a dureza de coração e se transformem em templos vivos, para aí fazer sentir sua augusta presença.

Os sofrimentos que decorrem das transgressões às Leis Divinas servem-nos de advertência; fazem-nos sentir a diferença entre o bem e o mal e dão-nos a experiência de que colheremos segundo o que plantarmos. Se semearmos o bem, colheremos o bem; se espalharmos o mal, teremos de lhe arcar com as funestas consequências.

Assim não fora e, confiantes na impunidade, retardaríamos nosso avanço, retardando, consequentemente, nossa felicidade futura na santa comunhão com Deus.

A regra áurea é a única e verdadeira norma de Cristianismo. Assim, uma religião que nos leve a negligenciar as obras de misericórdia em favor dos necessitados, dos aflitos e dos sofredores, ensinando ser suficiente "crer" deste ou daquele modo para fazermos jus aos gozos celestiais; que nos induza a considerar réprobos desprezíveis todos quantos divirjam de nossa "fé"; que advogue a discriminação racial ou qualquer outra forma de desunião entre os homens, exaltando uns e menosprezando outros, está defraudando a doutrina cristã, é espúria e blasfema, pois pretende impingir concepções e preconceitos humanos como ordenações de Deus.

46
Os dois caminhos

Positivamente, nunca houve nem haverá jamais, na Terra, outro Mestre que se assemelhe a Jesus.

Seu método de ensino é simplesmente maravilhoso. Servindo-se de costumes da época ou de pormenores insignificantes do meio ambiente, que a outrem passariam despercebidos, consegue Ele ilustrar e objetivar suas lições sempre com tal clareza e oportunidade que, tanto as pessoas mais cultas como as mais simples, podem entender-lhe os ensinamentos, embora se revistam de grande transcendência.

Como se sabe, na época em que Jesus esteve entre nós, os povos viviam em cidades cercadas por muralhas, situadas, na maioria, sobre colinas e montes, a fim de tornar difícil o assédio dos inimigos, em caso de guerra.

Jerusalém era uma delas. Fora edificada sobre três colinas, separadas por vales profundos. Para alcançá-la e nela penetrar, os viandantes tinham de percorrer caminhos íngremes e pedregosos e, como as portas que lhe davam ingresso eram fechadas ao pôr do sol, os que se dirigiam para casa, ao fim do dia, esfalfavam-se para os galgar depressa, pois, atrasando-se, ficavam de fora.

As veredas ásperas e escarpadas que conduziam os hierosolimitas ao aconchego do lar, após as fadigas da jornada, deram ao

Mestre incomparável uma imagem precisa e impressionante do caminho cristão, ou seja, das dificuldades que as almas precisam vencer para, afinal, conquistarem a vida eterna.

Larga é a porta e espaçoso o caminho que guia para a perdição, disse Ele; por outro lado, *quão estreita é a porta, e que apertado o caminho que guia para a vida!* (*Mateus*, 7:13 e 14).

Realmente, como é amplo o caminho da perdição! Cabem nele, sem aperto, grandes multidões. Sua largueza é suficiente para conter tipos das mais variadas tendências e inclinações: os avarentos, os beberrões, os coléricos, os depravados, os exploradores do próximo, os hipócritas, os invejosos, os soberbos, os vingativos etc. Cada qual pode fazer seja o que for, pode entregar-se a todos os caprichos e desatinos, que haverá sempre margem para tudo.

Esse caminho apresenta-se ainda luxuriosamente guarnecido de belos atrativos, que fascinam e deleitam, oferecendo aos que por ele transitam toda a sorte de sensações e comprazimentos.

Mas é declivoso, descendente, e vai dar em planos inferiores, em regiões sombrias, onde há choro e ranger de dentes...

Já o outro, o caminho da vida, é demasiado estreito para que possa comportar todas as extravagâncias, opiniões e doutrinas humanas; alcantilado demais para permitir a escalada dos tíbios, dos preguiçosos, dos afeitos a comodidades.

Para o transpor, há mister de trabalho, disciplina, cooperação, persistência, solidariedade, fé e sacrifícios sem conta.

De fato, a vida cristã impõe-nos tudo isso: esforço constante a serviço do bem; policiamento de nossos atos, palavras e pensamentos, no sentido de não transgredirmos as Leis Divinas; auxílio fraterno de uns para com os outros, a fim de prevenir quedas e desfalecimentos; ânimo e coragem para prosseguir na caminhada, mesmo quando exaustos ou fustigados pela borrasca das provações; piedade com os companheiros que nos seguem à retaguarda, cujas fraquezas devemos amparar, ainda que retardando, um pouco, o nosso próprio avanço; confiança na bondade de Deus e sujeição de nossa vontade fútil e caprichosa aos sábios desígnios da Providência; renúncia aos desejos impuros, aos maus hábitos, aos prazeres mundanos e às ambições egocêntricas...

Sim, a trilha que conduz à evolução, ao progresso anímico, é árdua, dificílima, motivo por que deve ser palmilhada cuidadosamente, tais e tantos são os acidentes que lhe surgem à esquerda e à direita.

Mas, assim como os caminhantes que demandavam Jerusalém, após vencerem o penoso aclive, chegavam a penates, onde encontravam o descanso e a alegria no convívio familiar, assim também, quantos atinjam a meta de seus destinos: a perfeição, libertam-se da cadeia dos renascimentos neste "vale de lágrimas", para ascenderem à glória da Vida Espiritual e fruírem, lá, a paz e a felicidade reservadas aos justos.

Porfiemos, pois, por manter-nos no bom caminho!

47

Pelos seus frutos os conhecereis

"Guardai-vos dos falsos profetas, que vêm a vós disfarçados em ovelhas, mas por dentro são lobos vorazes. Pelos seus frutos os conhecereis. Porventura os homens colhem uvas dos espinheiros ou figos dos abrolhos? Assim, toda árvore boa dá bons frutos, e a má árvore dá maus frutos. Não pode a árvore boa dar maus frutos, nem a árvore má dar bons frutos. Toda árvore que não dá bom fruto será cortada e metida no fogo. Assim, pois, pelos frutos deles os conhecereis" (*Mateus*, 7:15 a 20).

Que se deve entender por profeta?

Em sentido restrito, profeta é aquele que adivinha, prevê ou prediz o futuro.

No Evangelho, entretanto, esse termo tem significação mais extensa, aplicando-se a todos os enviados de Deus com a missão de edificarem os homens nas coisas espirituais, mesmo que não façam profecias.

Cada uma das centenas de religiões denominacionais em que se fragmentou o primitivo Cristianismo, ao fazer a exegese do texto citado, classifica como "falsos profetas" quantos esposem e ensinem doutrinas diferentes da sua, suposta a única verdadeira e a única com poderes de salvação.

É um erro, pois o Mestre nos diz claramente que a distinção entre os autênticos e os falsos profetas deve fundamentar-se, não propriamente naquilo que propaguem, mas na observância ou não dos princípios que aconselhem.

Destarte, falsos profetas são os que, em toda e qualquer facção religiosa, apenas se limitam a pregar boas normas de conduta, sem exercitá-las no trato com seus irmãos; são os que invocam constantemente o santo nome de Deus, com palavras melífluas, mas na realidade são servis adoradores de Mamon; são os que fingem ser mansos, humildes e caridosos, mas que, no íntimo, são o reverso do que aparentam.

Quem esteja, efetivamente, a serviço de elevada missão, quem seja mesmo um enviado de Deus, não precisará apregoá-lo para ser acreditado como tal; dar-se-á a conhecer "pelos seus frutos", isto é, impor-se-á pela excelência das virtudes que exemplifique, pelos atos de altruísmo que pratique.

Os espíritas, mais que quaisquer outros, têm sido apontados como falsos profetas, e até mesmo anticristos, por rejeitarem certos dogmas engendrados pela Teologia tradicional.

Aplique-se-lhes, porém, o método de aferição preconizado pelo Mestre, e ver-se-á que, conquanto possa existir entre eles, como de fato existem, alguns "lobos camuflados com pele de ovelha", sua influência na sociedade tem sido benéfica e salutar, não só pela gigantesca obra assistencial que realizam em favor da infância desvalida, da velhice desamparada, dos enfermos, enfim, dos desgraçados de todos os matizes, como também pelo esforço que empreendem no sentido do autoaperfeiçoamento, buscando, cada qual, pela noção que tem de sua responsabilidade pessoal, tornar-se um cidadão útil a si próprio, à família, à pátria e à Humanidade.

Ora, "não podendo a árvore boa dar maus frutos, nem a árvore má dar bons frutos", se os frutos produzidos pelos espíritas são de boa espécie, segue-se que eles não são demônios nem endemoninhados, mas filhos de Deus, tão dignos de respeito e consideração quanto os demais.

Portanto, ao invés de tacharmo-nos uns aos outros de falsos profetas, por motivo de divergência religiosa, tratemos, todos, de operar o bem, para não termos a mesma sorte das árvores estéreis que, um dia, serão cortadas e lançadas ao fogo.

Se não dermos bons frutos, poderemos, ao se fechar o presente ciclo evolutivo da Terra, ser banidos para um mundo inferior e, ali, provarmos o fogo depurador das mais tristes e dolorosas expiações.

48

Só entrarão no Reino dos Céus...

"Nem todos os que dizem: Senhor! Senhor! entrarão no Reino dos Céus; apenas entrarão aqueles que fazem a vontade de meu Pai, que está nos Céus. Muitos me dirão naquele dia: Senhor, Senhor, não profetizamos em teu nome? em teu nome não expulsamos demônios? e em teu nome não fizemos muitas maravilhas? E Eu então lhes direi em voz muito inteligível: nunca vos conheci; apartai-vos de mim, vós que obrais a iniquidade" (*Mateus*, 7:21 a 23).

O texto em epígrafe, vazado em linguagem clara e precisa, não deixa a menor dúvida que a entrada no Reino dos Céus é uma questão de observância das Leis Divinas e não de filiação a esta ou àquela organização eclesiástica, de nada valendo as cerimônias ritualísticas, os exercícios religiosos, ou as confissões de fé que não se façam acompanhar de boas obras.

Os que dizem: "crede, e sereis salvos"; ou: "crede, e não precisareis guardar a lei", coitados! — são cegos condutores de cegos.

Jesus sempre condenou com veemência as práticas meramente formalistas de religiosidade, e jamais acoroçoou a ideia de que seja suficiente a aceitação deste ou daquele "credo" para que alguém tenha assegurada sua entrada nas mansões celestiais.

É a obediência aos mandamentos que prova a sinceridade de nossas convicções e a excelência da doutrina que aceitamos.

Quando essa doutrina é de molde a transformar-nos, erradicando de nós as características do "homem velho", referto de imperfeições, vícios e mazelas, para substituí-las pelas do "homem novo", fazendo que em nossa vida se manifestem a honestidade, a brandura, a tolerância e a alegria de fazer o bem, então podemos saber que estamos trilhando o caminho certo, pois "é pelos frutos que se conhece a qualidade da árvore".

Serão dignos do nome de cristão, os que se limitam a pregar os ensinamentos do Cristo (profetizar em seu nome), mas cujo caráter não se modifica para melhor, e não se mostram nem mais solícitos nem mais fraternos para com os outros? Não!

Os que, segundo os processos kardecistas ou umbandistas, doutrinam Espíritos obsessores, afastando-os daqueles que lhes sofriam o assédio, mas não se doutrinam a si mesmos, continuando com as mesmas fraquezas morais e a mesma falta de caridade no trato com seus semelhantes? Tampouco!

Os que fazem promessas, impondo-se penosas macerações, em demonstrações prodigiosas de fanatismo religioso (que a ninguém beneficiam), mas só cuidam da própria salvação, indiferentes à miséria e ao sofrimento do próximo? Também não!

À semelhança dos fariseus, os quais o Mestre comparou a sepulcros branqueados, formosos por fora, mas que por dentro estão cheios de asquerosidade, esses tais têm piedade apenas nos lábios, pois em seus corações o que há, realmente, é só frieza e hipocrisia.

Batendo na mesma tecla, disse Jesus de outra feita:

"Todo aquele que me confessar diante dos homens, também Eu o confessarei diante de meu Pai que está nos Céus; mas, ao que me negar diante dos homens, Eu também o negarei diante de meu Pai que está nos Céus" (*Mateus*, 10:32 e 33).

Portanto, chamar a Jesus Cristo de nosso Senhor ou nosso Salvador, entoar-lhe hinos e louvores, será de todo inútil se lhe não seguirmos os preceitos.

Sim, porque "confessar o Cristo diante dos homens" tem o sentido de proceder de conformidade com sua doutrina; significa devotar-se ao auxílio da Humanidade, sem exceção de espécie nenhuma, amparando, ensinando e servindo sempre, tornando-se um veículo da manifestação do Amor e da Verdade no mundo.

Enquanto formos movidos pelo egoísmo e pela vaidade, vivendo tão somente para a exaltação do próprio "eu"; enquanto nos mantivermos insensíveis à má sorte de nossos irmãos, conquanto nos proclamemos seguidores do Cristo, estaremos negando-o diante dos homens, pois "amando-nos uns aos outros" é que nos daremos a conhecer como verdadeiros discípulos seus. E como "o amor é o cumprimento da Lei", só quando soubermos amar é que faremos jus ao galardão celestial.

49
Construamos sobre a rocha

Ao concluir os ensinamentos do maravilhoso Sermão da Montanha, empregou Jesus a seguinte ilustração:

> Todo aquele que ouve estas minhas palavras, e as observa, será comparado a um homem prudente, que edificou a sua casa sobre a rocha. Veio a chuva, transbordaram os rios, sopraram os ventos, e combateram aquela casa, e ela não caiu, porque estava fundada sobre a rocha.
>
> E todo aquele que ouve estas minhas palavras, mas não as observa, se assemelha a um homem insensato, que construiu sua casa na areia. Quando a chuva caiu, os rios transbordaram, os ventos sopraram e a vieram açoitar, ela foi derribada e grande foi a sua ruína (*Mateus*, 7:24 a 27).

Essa advertência do Mestre tinha endereço certo: buscava penetrar a consciência dos que o ouviam; tocá-los, despertá-los e fazê-los sentir a necessidade de uma reforma de seus hábitos, pois sabia que, trabalhados gerações pós gerações pelo farisaísmo, se haviam esquecido do Decálogo que lhes fora dado no Sinai, tendo-se acostumado a observar tão somente umas tantas práticas e cerimônias exteriores, persuadidos de que isso era o bastante para torná-los irrepreensíveis aos olhos do Senhor.

Ainda hoje, infelizmente, muitos existem, em todas as organizações religiosas, que incidem no mesmo erro. Invertendo a hierarquia dos valores, demonstram zelo extremado pelo que é secundário, negligenciando por completo aquilo que é essencial.

Também entre os espíritas — forçoso é reconhecê-lo — é grande, até agora, o número dos que se aferram às chamadas "sessões práticas", nem sempre bem conduzidas, e não saem disso, esquecendo-se do estudo metódico e profundo da Doutrina, em seu tríplice aspecto: científico, filosófico e religioso, a fim de, com esse preparo, poderem auxiliar, eficazmente, tanto os desencarnados, nos trabalhos de esclarecimento e desobsessão, como os encarnados que careçam de melhor orientação na vida.

Outro engano comum a muitos que se têm na conta de cristãos, é o suporem que a memorização das Escrituras, o conhecimento teórico de princípios religiosos corretos ou a concordância com certos dogmas teológicos seja suficiente para a salvação de suas almas.

O mero assentimento intelectual à Verdade, entretanto, não constitui, por si só, mérito algum e será de todo inútil se não fizer que os homens produzam frutos de bondade e justiça no trato com os semelhantes.

Aliás, sabem-no todos, os crimes mais abomináveis que enegrecem as páginas da História foram praticados por criaturas que se vangloriavam de ser oráculos da Divindade, como há, ainda nos dias que correm, não poucos representantes da pretendida ortodoxia religiosa, cujos atos são de estarrecer.

Jesus veio revelar-nos que a Religião pura e genuína consiste, não apenas em satisfazer a formalismos cultuais, mas em cumprir os mandamentos da Lei, o que exige de cada um esforços constantes no sentido de vencer suas imperfeições e, ao mesmo tempo, em desenvolver aquelas virtudes que o levem a "amar a Deus sobre todas as coisas e ao próximo como a si mesmo".

Então, semelhantemente ao homem sábio que edificou sua casa sobre a rocha, tomemos os preceitos divinos expostos pelo Mestre como fundamento de nossa norma de vida, e não simplesmente de nosso credo.

Sim, porque aqueles que pregam e ensinam tais preceitos, mas não testemunham aquilo que pregam e ensinam, assim os que confiam na eficácia dos sacramentos de sua igreja, mas não tratam de modelar seu caráter pelo do excelso modelo — o Cristo, estão construindo sobre a areia e, portanto, a si mesmos se reservam grandes amarguras e terríveis desilusões.

50
Ele ensinava como quem tinha autoridade

"E tendo Jesus acabado este discurso, estava o povo admirado de sua doutrina, porque Ele ensinava como quem tinha autoridade, e não como os escribas e fariseus" (*Mateus*, 7:28 e 29).

Estas palavras do Evangelho mostram que o ensino do Cristo havia impressionado fortemente os judeus que o foram ouvir na encosta da montanha, nas proximidades do lago de Genesaré.

Isso porque os escribas e rabinos do Moisaísmo, sempre que lhes falavam, quando não se limitavam a lembrá-los das obrigações para com o sacerdócio ou a insinuar novas formas de contribuição que lhes aumentassem os proventos como serventuários do templo, eram muito minudentes na explanação dos formalismos cerimoniais e das observâncias exteriores do culto, mas nunca lhes expuseram verdades assim profundas, nem lhes sensibilizaram os corações com tão expressivos apelos à retidão de caráter, à brandura, à caridade, à misericórdia, ao perdão, à tolerância, ao desapego dos bens terrenos etc.

Além de tocados pela beleza da forma e maravilhados ante a excelsitude dos conceitos emitidos pelo Mestre, eles sentiam, pelo elevadíssimo teor vibratório dele, que estavam em presença de alguém com plena autoridade moral para lhes falar desse modo.

Sabe-se que a ideia do povo judeu, a respeito do Messias anunciado pelos profetas, era de que "Ele" viria com poderes extraordinários para sacudir o domínio estrangeiro que tanto os humilhava e, mais que isso, entregar-lhes o cetro de um vasto império, cuja capital, naturalmente, haveria de ser Jerusalém.

Pois não diziam as Escrituras Sagradas (*Gênesis*, 17:4 a 6) que Deus estabelecera um pacto com Abraão, no sentido de o fazer *chefe das nações*? E que de sua posteridade sairiam *reis de muitas gentes*?

Após a morte desse Patriarca, não confirmara Deus, mais de uma vez (*Êxodo*, 19:5; *Deuteronômio*, 7:6 etc), serem eles, os judeus, o seu *povo especial, a porção escolhida dentre todos os povos da Terra*?

Acoroçoados nessa ambiciosa expectativa pelos seus guias religiosos, e sonhando com a glória futura, que esperavam ouvir do Cristo aqueles pobres camponeses e pescadores senão a reafirmação de estar próximo o dia em que a miséria, a opressão e a vergonha que pesavam sobre Israel seriam substituídas por dias de abastança, de hegemonia e de felicidade?

Como Ele nada lhes dissesse de molde a alimentar tais esperanças, nem a lisonjear-lhes o arraigado orgulho racial; antes houvesse lançado em seu discurso a "plataforma" (como se diria hoje) de um reinado de Amor, de Justiça e de Fraternidade universal, é possível que, a princípio, o Cristo lhes tivesse causado enorme decepção. Mas, continuando a ouvi-lo, presos que se achavam ao poder persuasivo de seu verbo, acabaram, muitos, por aceitar-lhe a mensagem, isto é, a Doutrina, fazendo dela, a partir de então, o roteiro seguro para a sua vivência.

Oxalá nós outros, nestes quase vinte séculos que os separam da pronunciação do Sermão da Montanha, tenhamos alcançado o grau evolutivo que nos possibilite assimilar tão sublimes lições!

E que Deus nos ajude a segui-las, com a maior fidelidade, pois sabemos, agora, que quem no-las transmitiu é, realmente, "o Caminho, a Verdade e a Vida!".

O SERMÃO DA MONTANHA

EDIÇÃO	IMPRESSÃO	ANO	TIRAGEM	FORMATO
1	1	1964	5.043	13X18
2	1	1966	5.043	13X18
3	1	1974	10.200	13X18
4	1	1980	10.200	13X18
5	1	1984	5.100	13X18
6	1	1988	5.100	13X18
7	1	1989	10.200	13X18
8	1	1991	10.000	13X18
9	1	1994	10.000	13X18
10	1	1996	7.000	13X18
11	1	1998	5.000	13X18
12	1	2000	3.000	13X18
13	1	2002	3.000	13X18
14	1	2004	2.000	13X18
15	1	2004	2.000	13X18
16	1	2006	1.000	13X18
17	1	2006	2.000	13X18
17	2	2008	1.000	13X18
18	1	2010	3.000	14x21
18	2	2010	5.000	14x21
18	3	2013	2.000	14x21
18	4	2014	600	14x21
18	5	2014	2.000	14x21
18	6	2016	2.000	14x21
18	7	2018	1.600	14x21
18	8	2020	300	14x21
18	POD	2021	POD	14x21
18	10	2022	50	14x21
18	IPT*	2022	300	14x21
18	IPT	2023	250	14x21
18	IPT	2023	150	14x21
18	IPT	2024	50	14x21
18	IPT	2024	350	14x21
18	16	2024	500	14x21

*Impressão pequenas tiragens

FEB editora
Livro espírita para um novo mundo
www.febeditora.com.br
@febeditoraoficial
@febeditora

Produção Editorial:
Elizabete de Jesus Moreira

Revisão:
Elizabete de Jesus Moreira

Capa:
Wallace Carvalho da Silva

Projeto Gráfico e Diagramação:
Luisa Jannuzzi Fonseca

Foto de Capa:
Mayovskyy Andrew/ Shutterstock

Normalização Técnica:
Biblioteca de Obras Raras e Documentos Patrimoniais do Livro

Esta edição foi impressa pela Editora Vozes Ltda., Petrópolis, RJ, com tiragem de 500 exemplares, todos em formato fechado de 140x210 mm e com mancha de 105x173 mm. Os papéis utilizados foram o Off white slim 65 g/m² para o miolo e o Cartão 250 g/m² para a capa. O texto principal foi composto em fonte Adobe Garamond Pro 12/15 e os títulos em Adobe Garamond Pro 20/30. Impresso no Brasil. *Presita in Brazilo.*